新财经改革研究系列丛书

Research on the Legal Regulation of Standard Terms in the Context of the Implementation of the Civil Code

民法典实施背景下格式条款法律规制研究

张瑞 著

东北财经大学出版社
Dongbei University of Finance & Economics Press
大连

图书在版编目（CIP）数据

民法典实施背景下格式条款法律规制研究 / 张瑞著. —大连：东北财经大学出版社，2025.3. —（新财经改革研究系列丛书）. —ISBN 978-7-5654-5582-7

Ⅰ. D923.04

中国国家版本馆CIP数据核字第2025FL1552号

东北财经大学出版社出版发行

大连市黑石礁尖山街217号　邮政编码　116025

网　址：http://www.dufep.cn

读者信箱：dufep@dufe.edu.cn

大连永盛印业有限公司印刷

幅面尺寸：170mm×240mm　字数：179千字　印张：15　插页：1

2025年3月第1版　2025年3月第1次印刷

责任编辑：时　博　赵　楠　责任校对：贺　力

封面设计：张智波　版式设计：原　皓

定价：78.00元

教学支持　售后服务　联系电话：（0411）84710309

如有印装质量问题，请联系营销部：（0411）84710711

本书获得湖北经济学院学术专著出版基金资助

前言

美国法学家格兰特·吉尔莫曾惊呼“契约已死”，以暗示契约自由在当下面临的衰落风险。“当人们作为社会现象谈及契约之衰落时，经常列举的实例有依法进行的缔约强制，内容规制的增加，以及依约款订立契约的普及。这些事例无一不是至少对一方当事人限制了是否缔结契约的自由和决定契约内容的自由，或者根本不存在这些自由，即作为社会现象的契约之死，无非是‘契约自由’的丧失”。[①]强制缔约、内容控制等是对契约自由本身弊病的矫正，这些措施通常由作为公共利益代表的法律或政治权力实施，此时“对契约的干预可以阐明为福利国家之下的家长主义，毋宁说其目的在于实现实质上的自由的意思决定，与私权自治和意思自治并不矛盾”。[②]因此这类活动是对契约自由的拯救，而非“契约已死”的征兆。依格式条款（约款）缔约不再是法律或政治力量为矫正契约自由自身弊病所实施的干预，相反是新社会环境下缔约方式的异化，并且对契约自由存在天然

① 内田贵. 契约的再生［M］. 胡宝海，译. 北京：中国法制出版社，2005：31.
② 内田贵. 契约的再生［M］. 胡宝海，译. 北京：中国法制出版社，2005：31.

排斥。眼下若要列举“契约已死”的典型例证，格式条款当位居前列。如此一来，如何对格式条款实施法律规制，便成为现今契约法理论发展必须直面的现实议题，亦是本书探讨格式条款法律规制问题的时代背景。

本书包含5章内容，包括“格式条款法律规制蕴意注疏、格式条款法律规制缘由梳证、格式条款形式规制分析、格式条款内容控制分析一：依据与范畴、格式条款内容控制分析二：体系与规则”，构成“本体论—原因论—方法论”之行文结构。第1章旨在回答“何谓格式条款法律规制”，在分别解读“格式条款”与“法律规制”内涵的基础上，统筹归纳出“格式条款法律规制”的现实内涵。第2章旨在回答“为何进行格式条款法律规制”，从“帕累托最优维持分析”“法人科层结构制契合分析”“民事主体提炼性思维批判”“以合意正当证成合同公平构想批判”“使用人投机心理与相对人盲从心理”“格式附从条款削弱效应”“市场机制层面逆向选择”“私法主体身份二重分化趋势扩张”等方面，总结格式条款存续依据与受限依据。第3章至第5章旨在回答“如何进行格式条款法律规制”，借助“形式规制”与“内容控制”，从缔约过程到内容公平全方位探索格式条款法律规制方案。

本书撰写时固有百密之志，然而难免有疏漏与不足之处，诚待诸方斧正。

张 瑞

2024年10月

目录

1

格式条款法律规制蕴意注疏

相比《中华人民共和国合同法》[①]（以下简称“原《合同法》”）第39条第2款，2019年12月16日《中华人民共和国民法典（草案）》（以下简称“《民法典（草案）》”）第496条第1款删除了“为反复使用”要件，由此实现格式条款定义更新。但是2020年5月28日审议通过的《中华人民共和国民法典》（以下简称“《民法典》”）第496条第1款却又重新恢复了原《合同法》第39条第2款之定义。至此《民法典（草案）》所作修订应如何理解？其幕后动因为何？其对格式条款法定内涵有何影响？是否还存在待完善之处？最终《民法典》抛弃此种修订的动机又为何？其还存在何种遗憾？未来完善方向又在哪里？另外，“规制的话语和实践已经成为了公共政策、法学和经济学的话语”[②]，当下应如何把握“法律规制”内涵？唯有澄清这些疑问，才能明确格式条款法律规制在《民法典》编纂背景下的现实蕴意。

1.1 格式条款定义重述

1.1.1 原《合同法》第39条第2款评注

原《合同法》第39条第2款规定：“格式条款是当事人为了重复使用而预先拟定，并在订立合同时未与对方协商的条款。”其是当前认识我国法律格式条款时的首要文本依据，对格式条款所作定义构成了我们解读格式条款语义时的权威基础。借助于本条法律，以往学者已对格式条款的定义进行了较为充分的探讨。接下来笔者将以以往学

① 2020年5月28日，十三届全国人大三次会议表决通过了《中华人民共和国民法典》，自2021年1月1日起施行。《中华人民共和国合同法》同时废止。

② 鲍德温，凯夫，洛奇．牛津规制手册［M］．宋华琳，李鸰，安康永，等译．上海：上海三联书店，2017：4.

者探讨的观点为参酌，就原《合同法》第39条第2款语境下的格式条款含义试进行个人解读。

1）定义要件分析

以原《合同法》第39条第2款为依据，格式条款定义可被分解成三项要件，即“为重复使用”、“预先拟定”及“未与对方协商”。

①为重复使用

分析原《合同法》第39条第2款的意旨可知，此处“为重复使用”属于一种“行为目的”，进言之即为一种“行为心理状态”。在认识此种行为心理状态时，焦点无疑在“重复”一词方面。具体而言，一者此处“重复”的含义应作何种解释？再者对于此处“重复”的判断应持何种标准？

就“重复”一词的内涵，有学者指出“重复使用包括适用对象的广泛性和适用时间的持久性”。[①]所谓适用对象的广泛性，指格式条款本意是为了适用非同一的多数量法律关系。就此应明确以下几点：一是格式条款旨在用于多个法律关系中；二是多个法律关系在内部要素上存在差别，故并非一个法律关系的反复发生，即多数量法律关系不是同一的；三是多数量并不同时要求不确定，就是说即使数量是清楚确定时，也存在被认定为适用于非同一多数量法律关系的可能，如小区物业服务合同。另外，所谓适用时间的持久性，笔者认为其本身即是适用对象广泛性的一种表现，即格式条款之所以能持续适用，原因在于其是被用于非同一的多数量法律关系。包含同一格式条款的非同一多数量法律关系的多次发生，便塑造出了格式条款适用时间的持久性。在此应避免机械性地理解“持久”一词的含义，持久指的不是单个包含格式条款法律关系存在时间较长，事实上是指因包含同一格式条款的非同一多数量法律关系的反复发生而衔接起的适用时间的持

① 陈小君. 合同法学［M］. 北京：高等教育出版社，2010：71.

久性。据此分析可知，“重复”一词的内涵具体指的是格式条款适用对象的广泛性。

对于“重复”的判断，即是否存在非同一多数量法律关系的判断，究竟应持何种现实依据？对此有德国学者在审视这一问题时，认为应以“三个”为底线标准，[①]即某条款需至少被用于三个非同一法律关系时，才能构成此处所述重复使用。据此判断某条款是否满足“为重复使用”之要件，标准在于使用人是否存在将其至少使用于三个非同一法律关系的意图。笔者认为，按照中国传统固有的“三者为众”理念，这一判断标准值得借鉴。当然在特定行业内也许会存在特殊情形，彼时重复的判断并不一定以“三个”为底线标准。

综上所述，就原《合同法》第39条第2款中“为重复使用”要件，是指格式条款使用人所持有的将格式条款适用于非同一多数量法律关系的意图，通常判断时应以“三个”为底线标准，特殊情况下可作变通判定。在此处，格式条款实际使用次数不是判定是否重复使用的依据，“条款利用人所追求的宗旨才具有决定性的意义”。[②]

②预先拟定

“预先拟定”的含义从字面加以理解即可。稍值留意的是，“这里的拟定应做一种广义的理解，它不仅限于一方当事人单方亲自拟定，而是指当事人一方提供和准备”。[③]概言之，此处拟定主体并不限于具体进行缔约的当事人自己，预先拟定这一要件所真正要强调的是格式条款被提前草拟这一事实，至于具体是由谁拟定的无关紧要。

作为一项定义要件，预先拟定反映了格式条款实际使用状况。但就其法律功能，主要还在于引出下一项定义要件，即“未与对方协商”。

---

① 梅迪库斯．德国民法总论［M］．邵建东，译．北京：法律出版社，2013：301.
② 崔建远．合同法总论（上）［M］．北京：中国人民大学出版社，2011：172.
③ 陈小君．合同法学［M］．北京：高等教育出版社，2010：70.

③未与对方协商

一般认为，“未与对方协商”是“认定是否构成格式条款的最主要的标准”。[①]

格式条款极大排挤了接受方的磋商自由，这是与一般性自由磋商条款的首要区别所在。但细究之下不难发现，这一要件表述并未准确无误地呈现出格式条款的本质。格式条款虽在相当范围内排斥接受方的磋商自由，但其并未完全排除接受方磋商自由。归根到底，格式条款依旧保留了接受方是否接受的自由，这是其得以保留合同条款本质而不至于转化为规范性命令的根基所在。有鉴于此，所谓“未与对方协商”的准确表述应为“未与对方个别协商”，而这当属原《合同法》第39条第2款在定义格式条款时存在的一处瑕疵。

从“未与对方协商”的内涵来看，其包含两方面要点：一是在缔约结果方面，格式条款确实是未加修改地被订入合同中；二是在缔约过程方面，格式条款接受方未曾现实地掌握就格式条款进行个别协商的可能性。若格式条款呈现在最终合同版本中且已被修改，则此时无疑应属于个别磋商条款。若格式条款虽在最终合同版本中未被修改，但在缔约过程中接受方曾现实掌握就格式条款进行个别磋商的可能性，只是其放弃该机会而未对格式条款加以协商修改，则也应属于个别磋商条款。

综上所述，“未与对方协商”的准确含义应为“未与对方个别协商”。而判断是否“未与对方协商”，应同时从缔约结果和缔约过程两方面进行考量。

2）法律特征归纳

在上文中笔者以原《合同法》第39条第2款为分析对象，就格式条款定义要件进行了解读。定义要件剖析使得我们可以观察到格式条

① 陈小君. 合同法学［M］. 北京：高等教育出版社，2010：72.

款内部构成要素，但却无法清晰认识到格式条款所具有的法律层面外在独特性。对于格式条款内涵分析而言，在解读完格式条款定义要件后，还有必要对其法律特征进行归纳。如此一来不仅可知道格式条款是什么，还可以明晰其有何特殊性。

在具体分析格式条款法律特征之前，需预先确定清楚的是究竟何谓“法律特征”？笔者认为，能够被称为法律特征的必须是具有特殊法律意义的特点。换言之，必须是能在法律层面使主体自身区别于其他类似主体的特点。必须要注意的是，某些在主体自身上表现出来极其引人瞩目但却并不足以使其区别于其他类似主体的特点，最多能被称为该主体的一般性特征，无法被称为其法律特征，因为这些特征并不具备使该主体在法律层面与其他类似主体被区别的能力。以往学者解读原《合同法》第39条第2款的观点，通常认为格式条款具有如下法律特征：一是广泛性、持久性和细节性，二是单方预先拟定，三是定型化，四是当事人缔约地位严重失衡。而若持前述关于法律特征的观点，则会发现以往学者所进行的归纳存在不少误解。

①广泛性、持久性和细节性

谈及格式条款的法律特征，有学者认为：“格式条款具有广泛性、持久性和细节性。所谓广泛性，是指格式条款这种形式的要约需要向公众发出，或者至少是向某一类有可能成为承诺人的人发出……所谓持久性，是指格式条款这种形式的要约一般总是表现为在某特定时期将要订立的全部的合同条款……所谓细节性，是指格式条款这种形式的要约包含和确定了合同的全部条款。”[①]在笔者看来，这之中真正称得上格式条款法律特征的只有“广泛性”。

首先就“持久性”而言，在上文解读“为反复使用”要件时已指出，其本身演绎自“广泛性”。对“持久性”的认识，完全可以从“广

① 崔建远．合同法总论（上）[M]．北京：中国人民大学出版社，2011：172.

泛性”中获得，将其作为一项独立的格式条款法律特征并无必要。

其次就“细节性”而言，事实上某些个别磋商条款的要约也可以包含合同的全部内容。以其为标准，并不一定能在法律层面上将格式条款与个别协商条款加以区别。据此来看，“细节性”或可被称为格式条款的一般性特征，但却无法被称为法律特征。

综合分析，就以往学者所总结的“广泛性、持久性和细节性”三点特征而言，后两点属于误解，唯有“广泛性”才称得上是格式条款的法律特征。就“广泛性”的含义而言，转引上文分析结论，是指格式条款意图被适用于非同一多数量法律关系的特征。

②单方预先拟定

有学者将“单方预先拟定”也视为格式条款法律特征，[①]但笔者认为这亦是一种误解。

分析现实经验不难发现，即使是某些个别协商条款，其在缔约前也可以是被一方当事人所单方预先拟定的，只要其在缔约时经过个别磋商即可。由此可见，以“单方预先拟定”为标准也无法在法律层面将格式条款与个别协商条款加以区分，故其也只能被视为格式条款的一般性特征，而无法被视为法律特征。

真正称得上格式条款法律特征的或许是“缔约时单方确定”，即格式条款是在缔约时由使用人单方确定其内容，就这一点以往有学者将其简称为“附从性”，笔者对此深以为然。相比于“单方预先拟定”，持“缔约时单方确定”才能在法律层面上将格式条款与个别协商条款加以界分。

③定型化

“所谓定型化，是指格式条款具有稳定性和不变性，它将普遍适

① 崔建远．合同法总论（上）［M］．北京：中国人民大学出版社，2011：172.陈小君．合同法学［M］．北京：高等教育出版社，2003：70.苏号朋．格式合同条款研究［M］．北京：中国人民大学出版社，2004：42.

用于一切要与起草人订立合同的不特定的相对人，并不因相对人的不同而有所区别”。[1]在我国台湾地区，格式条款又被称为定型化契约条款，由此可见其定型化特征。依照上述解释，定型化包含“稳定性”与“不变性”。但在笔者看来，这两点特征同时源自上述“缔约时单方确定”特征与前述“广泛性”特征。

既然格式条款是被使用人意图适用于非同一的多数量法律关系，且无论在何时其都由使用人在“缔约时单方确定”，表明格式条款在反复使用中不会因适用对方当事人的变更而变化，这就是一种稳定性与不变性的体现。因此“定型化”特征完全可以从“广泛性”与“缔约时单方确定”两个特征结合推断出来，故将其作为一项独立的格式条款法律特征没有必要。

④当事人缔约地位严重失衡

在考察格式条款时，传统观点经常认为“格式条款一方在经济方面具有绝对的优势地位，使其有可能将预定的格式条款强加于相对人，从而排除或降低双方就格式条款进行协商的可能性。这就是格式条款表现出的法律上或事实上的垄断”。[2]据此有学者认为，当事人缔约地位严重失衡亦为格式条款法律特征之一。

回顾格式条款在现实经济生活中的演变历史可以发现，许多时候格式条款主要是由掌握垄断地位的市场主体所惯常采用。在许多使用格式条款缔约的场合下，当事人之间缔约地位确实存在严重失衡问题。但若据此将其视为格式条款法律特征，则仍存疏漏。正如德国学者海因·克茨指出的：“不经探讨就接受要约的条款，并不是因为受到‘强有力的工业或商业巨头’的强迫，而是因为谈判的成本、取得必要信息的成本或找到更有利的要约的成本，与其因此而取得有利条

---

① 苏号朋．格式合同条款研究［M］．北京：中国人民大学出版社，2004：43.

② 崔建远．合同法总论（上）［M］．北京：中国人民大学出版社，2011：172.李永军．合同法［M］．北京：法律出版社，2010：216.

件相比完全不成比例。”[①]这也就是说，当事人之间缔约地位是否严重失衡与格式条款是否被采纳之间并无必然联系。在现实经济活动中，某些占据相似缔约地位的当事人之间也可能会采用格式条款缔约，彼时“当事人缔约地位严重失衡”便在此种场合下荡然无存，既如此将其视为格式条款法律特征不甚恰当。

综上所述，笔者认为就格式条款法律特征而言，主要有两点，即“广泛性”与“缔约时单方确定”。相应地，前者对应原《合同法》第39条第2款中“为反复使用”要件，而后者则对应该款中“未与对方协商”要件。而通过前文分析可知，这两个要件也正是认定格式条款时的核心标准。

1.1.2 《民法典（草案）》第496条第1款评注

2019年12月16日，《中华人民共和国民法典（草案）》公布，这是2020年5月《民法典》通过前最后一版草案。该草案所辖规范合计1 260条，其中合同编规定大体继承了此前已经公布的《民法典·合同编（草案）》(二审稿)。进一步而言，其中第496条、第497条及第498条是修订后的格式条款规范，分别对应原《合同法》第39条、第40条与第41条。对原《合同法》仅有的三条格式条款规范全部进行修订，反映出立法者对格式条款认识的变迁。有鉴于此，在解读格式条款语义时，也有必要纳入对这一草案的考察，以确保研究过程紧贴立法演进历程。

《民法典（草案）》第496条第1款是新的格式条款定义规范，其规定：“格式条款是当事人预先拟定，并在订立合同时未与对方协商的条款。”就本条之评注，笔者将继续沿用上文分析原《合同法》第

① 克茨．欧洲合同法［M］．周忠海，李居迁，宫立云，译．北京：法律出版社，2001：201.

39条第2款时的路径，分别从“定义要件”与“法律特征”两面展开探讨。其中尤以辨析这两条规范在定义格式条款时的区别为重心，至于二者重叠内容则不再赘述。

1）定义要件分析

经上文分析可知，原《合同法》第39条第2款所述格式条款定义包含三项要件，即“为反复使用”、“预先拟定”与“未与对方协商”。而对比原《合同法》第39条第2款可知，《民法典（草案）》第496条第1款也继承了后两项定义要件，关键分歧在于其抛弃了原《合同法》第39条第2款所包含的“为反复使用”要件。就此本次草案进行修订的动因为何？这一修订对解读格式条款语义有何影响？

①“为反复使用”要件删除动因分析

本次草案在定义格式条款时删除了“为反复使用”要件，其主要旨意在于对日益高涨的消费者权益保护诉求进行响应。相比于原《合同法》第39条第2款之定义，《民法典（草案）》第496条第1款将格式条款认定范畴扩张至某些仅为一次使用而预先拟定的条款，其实质上指的是消费者合同中虽为一次使用但由经营者预先拟定且缔约时未与消费者协商的条款。就此放眼域外法不难发现，此种做法并非孤例。例如“受到消费者保护法律政策的影响，1993年的欧洲共同体关于消费者合同不公平条款的指令规定，经营者事先提出合同条款的，如果消费者在合同磋商时自身无法影响到该条款的内容，则该条款也被视为不公平条款”。①欧盟1993年《关于消费者合同中不公平条款的指令》（93/13/EEC指令，以下简称“欧盟1993年指令”）第3条第1款规定：“没有经过双方逐一协商的合同条款如果违背诚实信用原则要求，导致双方的合同权利义务不平衡且不利于消费者，将被

① 朱岩．格式条款的基本特征［J］．法学杂志，2005（6）：129.

视为不公平的。”[①]需说明的是，此处所涉不公平条款（unfair terms）主要指的是格式条款。可见依该款规定，在消费者合同中，不公平条款的认定并不以“为反复使用”为要件。而且“由于欧盟指令具有一定意义上的强行性，所以所有成员国必须在最低限度内将该指令所规定的内容转入到国内法中，当然，成员国就具体方式享有选择权”。[②]就此转化任务之落实，德国一般交易条款法律定义的变迁历史当属最佳注脚。

考诸当今世界类似域外法例后会发现，将“为反复使用”（或者类似表达）纳入格式条款定义中的做法并不多见，主要是《德国民法典》（以下简称“德国BGB”）第305条第1款第1句：“一般交易条款，是指所有为数量多的合同而预先拟定的、由合同当事人一方（使用人）在合同订立时向合同当事人另一方提出的合同条款。”[③]在此处定义一般交易条款时，德国BGB明确规定了“为数量多的合同”这一要素，其内涵基本等同于上述我国原《合同法》第39条第2款中的“为了反复使用”。应当注意的是，德国BGB在定义一般交易条款时，除了此处第305条第1款第1句这一基础规范外，在其第310条第3款第2项还规定了一个重要例外，即当一般交易条款被用于经营者与消费者之间的合同时，“本法第305c条第2款和第306条、第307条至第309条以及《民法典试行法》第46b条也适用于预先拟定好的合同条款，即使它们系只为一次使用而确定的亦然，并以消费者因合同条款的预先拟定而不能对它们的内容施加影响为限”。[④]根据这一规定，在消费者合同场合下，由经营者预先拟定的条款即使只为一次使用而提出，只要消费者因其是被预先拟定而无法进行有效磋商，那么

① 佚名. 欧盟债法条例与指令全集［M］. 吴越，李兆玉，李立宏，译. 北京：法律出版社，2005：69.
② 朱岩. 格式条款的基本特征［J］. 法学杂志，2005（6）：129.
③ 佚名. 德国民法典［M］. 陈卫佐，译. 北京：法律出版社，2006：100.
④ 佚名. 德国民法典［M］. 陈卫佐，译. 北京：法律出版社，2006：108.

其也能被认定为一般交易条款。由此可见，德国BGB第310条第3款第2项实际上突破了其第305条第1款第1句所作基本定义，如此一来该基本定义中所规定的“为数量多的合同”的内涵便不再周延。此处需重点注意的是，德国BGB第310条第3款第2项之例外规定并非该国法制素材所固有，某种意义上讲属于“舶来品”：当前德国BGB第305条第1款第1句之定义，其本身系由德国1976年《一般交易条款法案》（以下简称“德国1976年法”）第1条第1款第1句移转而来，[①]但德国1976年法却并未如当前德国BGB第310条第3款第2项一样存在例外规定。在2002年德国债法现代化改革过程中，德国1976年法中的实体法部分被内化到德国BGB中，由此形成当前德国BGB第2编“债务关系法”下第2章“通过一般交易条款来形成法律行为上的债务关系”部分。而在此移转过程中，为了落实前述欧盟1993年指令之旨意，“在转换法案通过时，德国立法者尽管从外观上看维持了《1976年一般交易条款法》第1款（现行BGB第305条第1款）不变，但在事实上仍考虑了RL93/13/EWG的要求。通过后来被引入的《1976年一般交易条款法》第24a条第1项和第2项（现行BGB第310条第3款第1项和第2项）——仅限于消费者合同领域——‘提出’要件和‘为多次使用’要件被排除掉了。就这一点，民法典第305条从始至终都应当与民法典第310条第3款结合到一起解读”。[②]概言之，在2002年德国债法现代化改革过程中，在将德国1976年法实体部分向德国BGB融合时，立法者不仅继承了德国1976年法第1条第1款第1句之定义，还专门针对消费者合同条款而新增

① 德国1976年法是德国最早的关于一般交易条款的专门性法律文件，在德国2002年债法现代化改革之前，该法案担负着处理一般交易条款问题的主要职责。此后在2002年债法现代化改革过程，该法案中的实体法部分转移至现行德国BGB中，即德国BGB第2编“债务关系法”下第2章“通过一般交易条款来形成法律行为上的债务关系”。而其程序法部分，则被吸纳进《不作为之诉法》中，并因此推动了德国团体诉讼制度的完善。

② FRANZ J S, ROLAND R, HARTMUT O, et al. Münchener Kommentar zum Bürgerlichen Gesetzbuch［M］. München：Verlag C.H.BECK，2016：808.

了现行德国BGB第310条第3款第2项之例外规定。而引发这一突破的幕后缘由，乃是为了在德国法中落实前述欧盟1993年指令旨意。

事实上，德国BGB当前的规定并不“孤单”。除德国BGB外，作为欧洲私法统一化学术先声的《欧洲私法的原则、定义与示范规则：欧洲示范民法典草案》（Principles，Definitions and Model Rules of European Private Law：Draft Common Frame of Reference，以下简称“DCFR”）[①]也采取了类似做法。DCFR第Ⅱ-1：109条规定：“‘格式条款’，是指在与不同当事方进行交易前预先拟定，并在订立合同时未与对方协商的条款。”[②]其第Ⅱ-9：403条规定：“在经营者与消费者订立的合同中，某条款（未经个别磋商）由经营者提供且明显不利于消费者，有悖于诚实信用与公平交易原则的，即构成本节意义上的不公平条款。”[③]其第Ⅱ-9：404条规定：“非经营者之间订立的合同中，由一方当事人所提供的条款构成了格式条款，且明显不利于对方当事人，有悖于诚实信用与公平交易原则的，该条即构成本节意义上的不公平条款。”[④]另外，其第Ⅱ-9：405条规定：“在经营者之间订立的合同，由一方当事人所提供的条款构成了格式条款，且严重偏离了良好商业惯例，有悖于诚实信用与公平交易原则的，该条款即构成本节意义上的不公平条款。”[⑤]观察上述四个规范可知，DCFR虽然在定义“格式条款”时纳入了“与不同当事方进行交易”要素，并且在其第2编第9章第4节构建“不公平条款”法规体系时，在定义非消费者间合同不公平条款与经营者间合同不公平条款时也要求为“格

① DCFR虽然是一部学术型草案，但其被称为“无名有实的欧洲民法典”，由该草案可一窥当前欧洲私法一体化大致风貌。

② 欧洲民法典研究组，欧盟现行私法研究组．欧洲私法的原则、定义与示范规则[M]．高圣平，等译．北京：法律出版社，2014：163.

③ 欧洲民法典研究组，欧盟现行私法研究组．欧洲私法的原则、定义与示范规则[M]．高圣平，等译．北京：法律出版社，2014：548.

④ 欧洲民法典研究组，欧盟现行私法研究组．欧洲私法的原则、定义与示范规则[M]．高圣平，等译．北京：法律出版社，2014：552.

⑤ 欧洲民法典研究组，欧盟现行私法研究组．欧洲私法的原则、定义与示范规则[M]．高圣平，等译．北京：法律出版社，2014：554.

式条款”，但其在消费者合同不公平条款定义中仍然保留了一处例外，即只要求“未经个别磋商”而不要求为“格式条款”。就此而言，DCFR在构建自己的不公平条款定义规范体系时，其逻辑路径与现今德国BGB做法相仿。另外，英国于2015年颁行的《消费者权益法》（Consumer Rights Act 2015，以下简称“英国2015年消费者权益法”）第62条第4款规定：“若某条款与诚实信用要求相抵触，导致当事人合同权利义务重大失衡并进而使得消费者遭受损害时，其是不公平的。”[①]此处在定义消费者合同中不公平条款时，也不以“为反复使用”为要件。综合而言，这些文本在定义消费者合同中格式条款时，顶多只要求“没有经过逐一协商”，而并未规定“为反复使用”要素。

综合而言，随着消费者保护主义的不断兴盛，当前域外法在定义一般交易条款、不公平条款等类格式条款术语时，大多不再绝对要求“为反复使用”这一要素。即使如德国BGB以及DCFR等在基本定义规范中保留这一要素或类似蕴意，也会单拟条款在消费者合同关系下作出例外定义规定。显然《民法典（草案）》第496条第1款也借鉴了域外法的成熟经验，将“为反复使用”从格式条款定义规范中剔除的做法表明其也持这样一种观点：虽然在现实生活中格式条款大多是为了反复使用才被拟定出来，但为了给消费者提供更为有效的保障，那些在消费者合同中的虽为一次使用但预先拟定且在缔约时未与对方协商的条款，也应当被认定为格式条款。如此一来，当《民法典（草案）》并没有在原《合同法》基础上另外拟定消费者合同格式条款定义规范时，则只有对原《合同法》第39条进行修订，通过删除“为反复使用”而实现与另外拟定消费者合同格式条款定义规范相同的

① 虽然使用的是“不公平条款”（unfair terms），但通说认为无论是欧盟1993年指令还是英国2015年消费者权益法，其规范的不公平条款主要指向的都是“格式条款”。

效果。

综上所述，促使《民法典（草案）》将“为反复使用”从格式条款定义中删除的主要动因在于回应民法典编纂背景下的消费者保护诉求。

②“为反复使用”要件删除影响分析

将“为反复使用”要件从格式条款定义中删除，其对解读格式条款语义内涵所产生的典型影响在于拓展了格式条款的语义范畴，即将格式条款的认定范畴拓展至“某些仅为一次使用而预先拟定，且缔约时未与对方协商的消费格式条款”。比之于原《合同法》第39条第2款之定义，这一拓展无疑是比较重大的，因为在当下现实生活中，消费者合同是格式条款的主要寄身之地。借助这一拓展，能被认定为格式条款的对象将大大增加。

但仍应注意的是，就“为反复使用”要件被剔除而对解读格式条款语义内涵产生的影响，笔者认为不应贸然作扩大解释。也就是说，相关影响只能被限定于消费者合同方面，而不得径行推及到任何合同类型中。毕竟格式条款定义范畴的大小决定了能被认定为格式条款的合同条款种类数量多少，而后者又直接决定了法律规制机制介入空间的大小。虽然对格式条款实施法律规制已成时代主题，但避免滥用规制，避免对市场交易活动多样性与张力的过分钳制，仍应是当下探索格式条款法律规制方案时必须恪守的准则。既如此，在具备必要需求时对格式条款定义范畴作审慎拓展是可以的，但绝不应作无限制的完全拓展。当下，笔者认为还不具备将“为反复使用”要件完全剔除的现实环境。这么做不仅与当今世界通行做法相去甚远，且将不适当地导致格式条款体量过度膨胀，进而危及现实交易活动的稳定性与包容性。

有鉴于此，笔者认为，《民法典（草案）》第496条第1款之陈述并不完善。其剔除“为反复使用”要件时未作任何限制的做法，容易使有关受众在理解格式条款定义时进入扩大解释误区。相比而言，德国 BGB“一般规定+例外规定”的做法更为妥善。因此笔者认为，《民法典（草案）》第496条第1款或可被进一步修订完善如下：“格式条款是当事人为了重复使用而预先拟定，并在订立合同时未与对方个别协商的条款。消费者合同条款虽仅为一次使用而预先拟定，但在订立合同时未与对方个别协商的也属于格式条款。”如此一来，立法者的本意或许得以完整呈现。

2）法律特征归纳

就《民法典（草案）》第496条第1款定义下的格式条款，“缔约时单方确定”依旧是其法律特征，这一点无需过多解释。

至于“广泛性”，因“为反复使用”要件在消费者合同场合下的空缺，故严谨地讲，其不再是该条规范定义下格式条款法律特征。

1.1.3 《民法典》第496条第1款评注

2020年5月28日，《中华人民共和国民法典》表决通过，其中第496条第1款是格式条款定义。值得关注的是，之前数月公布的《民法典（草案）》第496条第1款所作格式条款定义更新被舍弃，重新回到原《合同法》第39条第2款，即：格式条款是当事人为反复使用而预先拟定，并在订立合同时未与对方协商的条款。在此处，“为反复使用”再次成为格式条款定义要件。

鉴于本款规定与前述原《合同法》第39条第2款之表述一模一样，故此处不再对其作详细解读，参酌前文内容即可。至于其与《民法典（草案）》第496条第1款之间的区别，同样参酌前文分析即可。

毫无疑问，《民法典》在面对格式条款反复使用实践与消费者保护需求之间的关系时，作出了极为保守的选择，或许这样“更加安全”。概言之，在“客观理性”与“价值追求”之间，《民法典》依然遵从了前者：其优先考虑格式条款在现实生活中被使用人反复使用之特性，这一现实特性继续作为立法者划分格式条款与非格式条款的基础，至于作为相对人的消费者存在的突破“为反复使用”限制而扩大格式条款认定范畴（相应扩大法律规制范畴）的需求被放在了次要位置。但笔者认为，在消费者合同场合，源于经营者与消费者之间本身不对等缔约状态，在认定格式条款时，对“未与对方协商”的关注才是最关键要点。此时格式条款的这一属性与前述不对等缔约状态暗自契合，至于“为反复使用”显示特性，此时可以被暂时排除，而让位于消费者保护需求。

总而言之，《民法典》第128条已经确立民法典框架下的“消费者一体化保护”理念，由此表明消费者保护确实是《民法典》所持新时代精神。既然如此，在个别分支制度场合，出于对消费者保护需求的照顾，对原有民事法律制度进行例外调整并不存在根本障碍。而在笔者看来，格式条款应属这样的场合。具体论证理由不必赘述，参考前文关于“《民法典（草案）》第496条第1款评注”的内容即可。

1.1.4 格式条款定义再构思

上文研究表明，关于格式条款内涵的认识仍在变化中，这根源于持续嬗变中的格式条款使用实践。故原《合同法》虽对格式条款定义有明确规定，但在施行几十年后，当下是否仍应继续恪守该规定来把握格式条款内涵？显然《民法典（草案）》第496条第1款试图加以更新，由此兼顾蓬勃兴起的消费者保护需求。然而，在最终审议通过的《民法典》第496条第1款中，这种尝试再次被摒弃。当下笔者试图进行格式条款法律规制这一制度研究时，采用了一种“前瞻性”或曰“创新性”的思维视角，以此作为本书研究语境下的格式条款内涵。具体如下：格式条款是当事人为了重复使用而预先拟定，并在订立合同时未与对方个别协商的条款。消费者合同条款虽仅为一次使用而预先拟定，但在订立合同时未与对方个别协商的也属于格式条款。依据此定义，格式条款的法律特征突出表现为“缔约时单方确定”。

以上定义不同于现行《民法典》第496条第1款的规定，其在消费者合同格式条款认定时排除了“为反复使用”要件，由此回应了当前消费者权益保护趋势下格式条款定义更新的现实需求；其也不同于《民法典（草案）》第496条第1款的规定，不仅回应了前述定义更新需求，而且通过继续保留“为反复使用”要件而避免了定义更新时的盲目扩张风险。由此可见，该定义在制度创新与制度安全之间找到了恰当立足点。

1.2 法律规制内涵界定

1.2.1 “规制”语义演进路径梳理

1)“规制”语义泛化现状描摹

当下，“规制”俨然已经成为一个颇为“时髦”的词语。从法规文件到政策报告，乃至日常沟通，“规制”频繁以不同语义身份闪现。“在过去三十年中，规制的话语和实践已经成为了公共政策、法学和经济学的话语。”[①]隐藏在这一话语现象背后的社会现实是“规制”对社会生活的全面渗透，以至于有学者宣称，“我们生活在一个‘规制国’（regulatory state）的时代（Moran，2002 and 2003；Majone，

① 鲍德温，凯夫，洛奇．牛津规制手册［M］．宋华琳，李鸻，安康永，等译．上海：上海三联书店，2017：4.

1994 and 1997）”。[①]与此同时，“规制及其相伴的学术话语，不仅已渗透到政策讨论中，还反过来渗透到学术讨论中，作为一个研究领域，规制已经对社会科学产生了实质性影响”。[②]而回溯规制研究历史不难发现，其“长期以来被经济学家垄断，公共管理学者在公法传统下对此也偶有贡献（Robson，1962）”。[③]经由几十年的发展历程，当下现实表明“规制已成为一个多学科领域，政治学家、法学家、社会学家、人类学家等围绕规制展开争论，为规制研究作出了实质性贡献”。[④]

尽管“在过去大约十年间，规制研究在各方面都有了长足进展，并已日臻完善（Baldwin，Scott， Hood，1998）”，[⑤]但迄今为止就“规制”的准确内涵却依旧未有定论。“‘规制’一词来源于英文‘regulation’，是规制理论和规制经济学中最重要的一个概念，然而不同的学者对规制的内涵和外延的理解存在一些差异”。[⑥]规制在不同学科里被频繁使用，但“它不是一个专业用语，相反，它是一个含义广泛的词汇”。[⑦]对此，植草益在《微观规制经济学》一书指出：“规制是在以市场机制为基础的经济体制下，以矫正、改善市场机制内在问题为目的的政府干预经济主体活动的行为，这表明了三点：(1) 规制是市场机制下的政府干预行为；(2) 规制以矫正、改善市场机制失灵为目的；(3) 作为政府干预活动之一，其干预的是经济主体，特别是企

① 鲍德温，凯夫，洛奇．牛津规制手册［M］．宋华琳，李鸻，安康永，等译．上海：上海三联书店，2017：4．
② 鲍德温，凯夫，洛奇．牛津规制手册［M］．宋华琳，李鸻，安康永，等译．上海：上海三联书店，2017：4．
③ 鲍德温，凯夫，洛奇．牛津规制手册［M］．宋华琳，李鸻，安康永，等译．上海：上海三联书店，2017：4．
④ 鲍德温，凯夫，洛奇．牛津规制手册［M］．宋华琳，李鸻，安康永，等译．上海：上海三联书店，2017：4．
⑤ 鲍德温，凯夫，洛奇．牛津规制手册［M］．宋华琳，李鸻，安康永，等译．上海：上海三联书店，2017：4．
⑥ 杨建文．政府规制：21世纪理论研究潮流［M］．上海：学林出版社，2007：1．
⑦ 奥格斯．规制：法律形式与经济学理论［M］．骆梅英，译．北京：中国人民大学出版社，2014：1．

业活动。”[①]另外，Anthony I.Ogus在《规制：法律形式与经济学理论》一书中，立足于公法领域并运用法经济学分析方法将“规制”界定为“支撑社群体系的法律”，并进一步归纳出如下三点特征：“第一，规制包含一个更高主体的控制这一理念，它具有指导的功能。为了达到预想的结果，私人受制于一个更高的主体——国家——并被要求按照特定的方式行为，如果违反规则，则以惩罚为后盾。第二，国家及其代理机构运用的主要工具是公法，实施已不能通过私主体间的私合同来达到。第三，因为国家在法律的形成及实施中扮演了最基本的角色，因此该法律体系是‘集中化’（centralized）的。”[②]而更广为周知的是美国社会学家Philip Selznick所作界定，其认为“规制”指“由公共机构针对社会共同体认为重要的活动所施加的持续且集中的控制”。[③]除此之外，Julia Black还在更为宽泛的语境层面进行了界定，即“规制”指“有意使用权力，根据既定的标准，运用信息搜集和行为修正等工具，来影响其他当事人的行为”。[④]

从上述分析可知，在当今世界，规制一词已被广泛使用于不同思考语境，并最终呈现出语义泛化现状。而隐藏在此现象背后的，乃是在自治与他治纠缠下，人类社会对妥洽治理方式的迫切需求。

2）由日常语义向专业语义聚焦

经上文梳理不同学科学者的观点能够发现，就“规制”一词的语义内涵，其认识过程大体上呈现如下特征：首先在“规制”一词的“日常语义层面”，各观点往往有共同的描述，其通常使用“干预”“控制”“影响”等词来表达一种“有目的调控”的含义；其次在“规

① 王波．规制法的制度构造与学理分析［M］．北京：法律出版社，2016：28.
② 奥格斯．规制：法律形式与经济学理论［M］．骆梅英，译．北京：中国人民大学出版社，2014：2.
③ 奥格斯．规制：法律形式与经济学理论［M］．骆梅英，译．北京：中国人民大学出版社，2014：1.
④ 鲍德温，凯夫，洛奇．牛津规制手册［M］．宋华琳，李鸻，安康永，等译．上海：上海三联书店，2017：12.

制”一词的“专业语义层面”，各观点往往各抒己见，经济学研究者通常强调规制含义中的“市场机制要素”，公法研究者通常强调规制含义中的“行政权力要素”，社会学研究者通常强调规制含义中的“社会群体要素”等。由此可知，在“规制”一词的“日常语义”方面，不同学科研究者的观点往往是趋同的，但触及“专业语义”后各观点便会产生巨大分歧。究其缘由，大抵在于“规制”的“日常语义”是在“一般性、普遍性、惯常性、日常化”理解下进行的解释，凭以解释的依据乃是这些学者共同所处的社会共同体通识性经验；而其“专业语义”则是在“专业性、局部性、特殊性、学理化”理解下所进行的解释，凭以解释的依据则是各个学者自身所处的学科门类特定性经验。有鉴于此，当任何一个研究者来界定“规制”语义时，其必然无法摆脱作为当下时代“社会共同体”一员的身份，由此共同体的共同经验必然会对其理解“规制”语义产生影响。通常来说，此种影响具有穿透力，结果是因它而形塑起该研究者关于“规制”语义的底层认识，即关于“规制”语义的基本理解。但与此同时，该研究者所携带的“专业基因”则会赋予其看待“规制”语义时别样的视角，进而在前述“底层认识”（基本理解）上形成终局性的、具有自身所处专业视角特色的“规制”语义解读结论。

上述对“规制”内涵解读思维过程的剖析结论表明，“规制”本身并非一个“专业术语”，其使用场域极其多样，而一旦试图立足于某一特定场域探究其语义时，则必须“分两步”走：首先需确认规制的“日常内涵”，其次再确认规制的“专业语义”。有鉴于此，当我们置身于法律场域解读规制语义时，也应“分两步”走：首先须秉持当下“社会共同体”的认识经验，总结出规制的“日常语义”；其次要将规制纳入“法律场域”，借助法律文化经验来对其“专业语义”加以特色化，由此形成关于规制在“法律场域”下的个性化解读结论——“法律规制”。

1.2.2 “规制”日常语义陈述

1）日常语义归纳

基于上述思路，分析众多经典结论，“规制”的日常语义可界定如下：掌握规制力量的主体对其之外的对象所施加的调控。

首先规制是一种“调控”，这不同于Philip Selznick定义中所述的“控制”。相对而言，“控制”更加倾向于“约束”“限制”，将“规制”单纯界定为“控制”与当下“社会共同体”共识不符。事实上，现如今人们在认识“规制”的内涵时一般认为，其不只包含消极的“约束或限制”成分，“还应包括积极的鼓励和促进的含义……也就是说规制应当包括积极的诱导和消极的压抑两个方面”。[①]相较而言“调控”一词则能全面呈现“规制”这两方面内涵内容，其本质虽为“控”，然而达致手段却为“调”，此时“调”既可能是积极的激励引导，也可能是消极的约束限制。

其次规制是“有规制力量的主体”进行的调控，“规制力量”是规制发生的物质基础。借用物理学上的思维，“规制”表现为一个主体向另一个主体施加的“影响力”。既如此，是否具备“规制力量”便决定了能否真正产生规制事实。小到父母对子女行为的规制，大到政府对企业经济活动的规制，无不以前者掌握必要“规制力量”为基础。由此可知，“规制力量”是“规制”发生的必要条件，那么将其纳入规制的“日常语义”中亦属应当。

最后规制是有规制力量的主体对“其之外的对象”所进行的调控，对自身进行的调控不为规制。虽然不同学科研究者对“规制”内涵解读结论不同，但他们均将“规制”限定在“主体-对象”关系范

① 王勇. 市场经济法的理论与适用［M］. 北京：中共中央党校出版社，2008：250.

畴内，可见规制只能是有规制力量的主体对其之外的对象所进行的调控，而非对其自身所进行的调控。因此“规制”本质上不仅是一种行为，还是一种“关系行为”。

2)“规制”与“管制”的辨析

上文对“规制”的“日常语义”进行了简要疏证，其可被表述为“掌握规制力量的主体对其之外的对象所施加的调控”。在进一步探讨“格式条款法律规制”这一“专业内涵”前，有必要将“日常语义”层面的“规制”与某些易混淆的周边语词进行简要辨析。回顾日常经验可知，常见的与“规制”相仿的词汇有“控制”“管理”“治理”“管制”“统治”等，而在这其中与“规制”词源最相近的当属“管制”，二者均由英文“regulation”一词翻译而来。而且在中华人民共和国成立后的一段历史时期，“管制”在我国社会生活中出现的频率远高于“规制”。有鉴于此，将二者进行一番简要辨析很有必要。

虽然“规制”与“管制”同样翻译自“regulation”一词，但有研究者指出：“在汉语词汇中，由于中国传统的计划经济时代的印记，翻译为‘管制’则带有明显的统治经济和命令经济的意味，这显然不是源自西方市场经济之舶来品的规制原意。换句话说，翻译为规制则更接近于英文原义，强调通过实施法律和规章制度来约束、规范和激励市场主体及其行为……管制往往被用来描述计划经济体制，规制往往被用来描述市场经济体制。”[①]以上分析虽是从经济学视角进行的探讨，但确实揭示出了“regulation”一词在向汉语词汇转译过程中所受到的特殊时代影响。词语翻译固然要受到翻译者自身理解程度和翻译能力的影响，但根本上仍受制于翻译者自身所秉持的时代文化。由此来看，在中国特色社会主义市场经济体制建立之前的时代，“regulation”根本不存在被翻译为“规制”的时代文化背景，其只可

① 王波．规制法的制度构造与学理分析［M］．北京：法律出版社，2016：34.

能被翻译为“管制”。

如今，“管制”实际上已经逐步退出社会生活主舞台，只在较狭小场域下存在，例如社会治安、土地安全、金融风险、网络秩序等。相对而言，“规制”已经逐渐占据社会生活语境中心。从这一语词使用习惯变迁现象以及隐藏在这一变迁现象背后的时代文化更迭大抵可知，“规制”是“管制”的内涵扩张成果，其在“管制”内涵基础上纳入了“激励引导”成分，由此调和了“管制”原有的严厉性，进而形成了当前这种相对柔性、宽和、轻松的内涵本质——调控。

1.2.3 “法律规制”语义厘定

考诸现代法制理念，法律通常指由掌握创法权力的主体，经由权威程序而创制出的行为准则。进而言之，当置身于我国法制语境中予以审视，则对法律的认识存在广义和狭义两种解读视角。广义上的法律指所有立法主体根据法定权限及程序制定的规范性文件的统称，而狭义上的法律则指全国人民代表大会及其常委会制定的规范性文件。无论立足何种视角，在我国法制语境下，依照惯常认识，法律最终均指的是法律规范，具体包括法律规则、法律原则以及法律技术性规定。

回顾上文“规制”日常语义解读结论可知，其是指“掌握规制力量的主体对其之外的对象所施加的调控”。有鉴于此，当将日常语义下的“规制”纳入我国法制语境下，由此形成的“法律规制”则可被释义如下：由掌握立法权的主体借助其所创制的法律规范，对其之外的对象所实施的调控。此定义有如下三点值得关注：

首先法律规制主体应为立法者，其在《中华人民共和国立法法》中有规范说明。这反映了法律规制的主体权威性，同时也呈现了法律规制的主体确定性。

其次法律规制以立法权之运用为发生基础，无立法权之运用即无法律规制，立法权运用过程即是法律规制确立过程。

最后法律规制以法律规范为载体，法律规范是法律规制的表达形式。鉴于规制的他治色彩，应确认“无规范即无法律规制”的基本准则。

总而言之，法律规制应是一种权威规制、确定规制与标准规制。目前，法律规制属于作用力最强、严肃性最高、适用范围最广以及标准化最突出的规制类型。

1.3 格式条款法律规制蕴意核定

1.3.1 格式条款与法律规制内涵整合

上文已对“格式条款”与“法律规制”分别进行了较详细的内涵释义。以此为基础，结合当下《民法典》施行实践，则“格式条款法律规制”蕴意可表述如下：由掌握立法权的主体，借助其所创制的法律规范，针对为了重复使用而预先拟定，并在订立合同时未与对方个别协商的条款所实施的调控。就某些仅为一次使用而预先拟定，并在订立合同时未与对方个别协商的消费者合同条款所实施的前述调控亦在此列。

1.3.2 合同法与经济法划分范围补充思考

上文归纳了《民法典》施行背景下格式条款法律规制蕴意，就其理解，还有一点补充之处，即究竟是否辐射至经济法领域？

就格式条款使用而言，其可被区分为微观与宏观两个层面。微观层面涉及个别合同关系下格式条款使用情形，其展现的是一个个具体格式条款使用现状；而宏观层面则指向格式条款使用泛社会化现象，其反映的是格式条款在广泛使用过程中重塑市场交易秩序的情形。当立足微观层面进行考察时会发现，焦点问题为具体合同关系下的个别格式条款质量监管；而当立足宏观层面加以考察时则会发现，重点问题为格式条款使用泛社会化背景下的市场机制保护。因此最宽泛意义上的格式条款法律规制同时涉及两个层面：一是微观层面的格式条款法律规制，其着眼点为具体合同关系下的个别格式条款；二是宏观层面的格式条款法律规制，其关注对象为经格式条款使用泛社会化重塑的市场交易秩序。粗略地讲，前一种法律规制情形主要属于合同法研究主题，而后一种则更多偏向于经济法场域。

有学者认为，格式条款法律规制同属经济法议题，例如有观点指出："调整、规制定式合同绝不应仅仅是民法、合同法的任务，它还需要号称'经济宪法'的反垄断法、反不正当竞争法和消费者权益保护法等法律的协调和配合。"[①]但笔者认为，即使置身经济法场域进行探讨，此时中心研究对象也应是受损的市场机制，而并非格式条款。彼时格式条款只是被作为引发市场机制失灵的一种因素加以考察，与其并行的因素还可能包括垄断力量膨胀、行业组织弱化、信息披露机制缺失等，由此冠以"格式条款法律规制研究"之名并不恰当，采用"格式条款使用泛行业化趋势下市场机制失灵研究"或类似表达更为准确。相比之下，在合同法场域展开讨论时，格式条款是唯一核心研究对象，冠以"格式条款法律规制研究"称谓自无疑义。

虽然消费者权益保护法往往被认定为经济法下的子门类，但对消费者合同中格式条款所实施之规制却并不宜认定为经济法上的规制：一来此时规制活动的主题是管控具体格式条款滥用风险，而非修复经

① 黄光辉. 论定式合同中不公正条款的司法规制［J］. 重庆教育学院学报，2002（1）：10.

格式条款使用泛社会化而受损的市场机制；二来诸如现行《中华人民共和国消费者权益保护法》第26条，其本身演绎自原《合同法》第39~40条，可被看成后者之特殊版本。有鉴于此，推动其回归合同法场域下予以探讨方为妥当。

综上所述，格式条款法律规制虽然涉及经济法领域，并因此存在值得挖掘的内容，但其难以成为一项独立的经济法研究议题。通常情况下，在探讨格式条款使用泛社会化趋势下市场失灵问题时，将其作为一项影响因素予以讨论当属恰当。因此，当下研究格式条款法律规制问题，基本场域应为合同法。当然，立足于合同法场域探讨格式条款法律规制问题时，在必要时也应突破学科间的壁垒，引入相关经济法内容。上文所述格式条款法律规制定义，主要应在合同法场域下加以理解。

2

格式条款法律规制缘由梳证

契约法以意思自治为常态，以外在他治为特殊情形。而格式条款本质上仍属契约条款，故欲对其实施法律规制，必须有充分依据作为支撑。此种依据应自两方面搜集，一者为格式条款存续依据，其避免由规制滑向管制乃至禁止；再者为格式条款受限依据，其呈现了法律干预动因。

以往著述谈及格式条款存续依据时，大多聚焦于“交易效率提升功效”。就此有研究者指出，“定式合同允许了一种比标准法律规则提供的分配方式更为有效率的危险分配方式。从某种程度上说，这种效率来源于协议解决方式的精确性，责任的界定更为清晰、危险的承受者的确认更为清楚”。[①]诚然“交易效率提升功效”确系格式条款典型优势，但仅将其作为格式条款存续依据，目前会面临如下质疑：一是在格式条款早已演变成使用人压迫相对人工具的当下，相对人为何仍愿意继续接受格式条款？二是在对格式条款进行管控已成普遍政策趋势背景下，维持使用人使用热情的动因是否仅限于该功效一种？前一疑问表明，眼下仅以“交易效率提升功效”论证格式条款存续依据，从相对人角度分析夸大了该种功效所蕴含的经济价值，此时仅以其说明相对人甘愿忍受交易压迫的原因不足采信，尤其是在格式条款包含对相对人明显不利的内容时更是如此。而后一疑问则表明，当下仅以“交易效率提升功效”论证格式条款存续依据，从使用人角度分析忽视了格式条款具有的多维功效。有鉴于此，眼下发掘更为丰富的格式条款存续依据确有必要。

另外，以往著述在论及格式条款受限依据时，主流观点常指向格式条款关系下契约自由与契约公平（契约正义）的崩坏风险。但值得注意的是，在多数时候，以往学者只是立足前述崩坏风险现象主张实施法律规制，而对此现象发生的幕后逻辑剖析甚少。即使少数学者有

① 李永军．合同法［M］．北京：法律出版社，2010：220.

所思考，也往往落脚于当事人之间缔约地位的不平衡方面。[①]近年来，有学者在探讨格式条款法律规制问题时试图引入“行为心理学”知识，由此将分析视角由“当事人关系”推进至“当事人行为”。[②]此种考察尝试眼下虽处于发轫时期，但其启发意义十分显著：格式条款法律关系虽是法律规制最终对象，但格式条款当事人行为应是法律规制介入源头。有鉴于此，对格式条款受限依据的考证虽始于格式条款关系契约自由与契约公平崩坏现象，但应回溯至格式条款当事人行为，即最终要回答清楚如下疑问：格式条款当事人的行为究竟如何触发了格式条款关系下契约自由与契约公平的崩坏风险？而作此剖析的意义有两点：一者可深入呈现格式条款受限依据，二者可为后续规制方案设计提供参考。

2.1 “帕累托最优”维持探究

2.1.1 非格式条款关系下维持解读

1）“帕累托最优”内涵简介

帕累托最优（Pareto Optimality）又被称为帕累托效率（Pareto Efficiency），其“是由意大利经济学家和社会学家帕累托在《政治经济学教程》和《政治经济学指南》中给出的，他提出了以下定义：如果不存在另一种生产上的可行配置能够使该经济中所有个人都感觉同原初的配置相比至少同样好，和至少更好些，那么，这种资源配置就

① 参见杜军《格式合同研究》第三章、苏号朋《格式合同条款研究》第一章、张建军《格式合同的司法规制研究》第二章以及晏芳《格式合同的司法规制研究》第一章第二节等。

② 参见马辉．格式条款信息规制论［J］．法学家，2014（4）．马辉．格式条款规制标准研究［J］．华东政法大学学报，2016（2）．

是最优的"。[①]帕累托最优描绘了这样一种市场资源配置状态，即在无损于任何一个人现有利益前提下，现有资源配置状况已经无法通过其他方式获得改进，如此一来当前的资源配置状况即为"最优"。而如果"彼此在不损害他人福利前提下增进了自己的福利，这被称为帕累托改进。只要存在帕累托改进的余地，资源配置的效率就没有达到最大。帕累托最优意味着资源的配置效率达到了最大，任何重新配置的结果只能使它的效率降低"。[②]

显然，一开始帕累托最优是在市场资源配置这个"宏观层面"提出的，其常被认为属于微观经济学中的经典理论。但深入观察即会发现，其核心要义在于"资源配置的效率"。换言之，帕累托最优理论为我们考评资源配置效率提供了一种评断准则，或者说一种考评思维。按照这种考评准则或思维，一种资源配置结果是否达到效率最大化，判断的依据在于是否存在无负面效应的更佳资源再配置方案。事实上，这种考评准则或思维不只是适用于市场资源配置这个"宏观层面"，其也可以适用于合同关系这个"私人场合"，毕竟任何一次合同关系的缔结本身就是一种资源配置过程。

2）非格式条款关系下的维持解读

由上述分析可知，对于具体合同关系下资源配置效率的评断同样可以借用上文帕累托最优理论所述考评准则或思维。按照经济学上理性人设想以及合同法学中的同意理论，任何一个经当事人自主同意所缔结的合同，其必然于当事人双方而言皆是获利的，否则其不会作出缔结此合同的决策。就此次合同关系缔结，值得注意的有两点：首先相对于合同未缔结前的资源配置状况，本次缔约是一次

① 顾海良，郭建青，顾海兵. 简明帕氏新经济学辞典［M］. 北京：中国经济出版社，1991：167.

② 陈承明，曹艳春，王宝珠. 微观经济学［M］. 上海：上海财经大学出版社，2016：184.

资源再配置；其次在合同缔结完成后，本次资源再配置过程即告结束，由此进入资源配置固定状态。那么此时值得思考的是是否还存在另外一种合同缔结方案，能够使得此种资源配置固定状态中一方当事人利益增加而又无损于另一方当事人已获利益？显然不存在。因为在此种资源配置固定状态下，当事人双方利益对比实质上处于“此消彼长”关系中。如此，任何一种假想缔约方案此时都无法在增进一方当事人利益的同时又无损于另一方当事人的已获利益。由此可见，只要一个合同是基于当事人同意缔结的，那么其相对于未缔约时的资源配置状态而言必然是最优的资源再配置，由此其必然属于帕累托最优。

在上述论证过程中，关键要点在于“当事人同意”。此处所谓“当事人同意”是指“自主作出缔约与否的决定”，因此只要是经当事人同意而缔约，则作为该缔约结果的合同关系即符合帕累托最优。就这一论断，可从如下两方面简要归纳说明：一来作为理性经济人的合同当事人根据自主决策而决定缔约，则表明该项缔约结果本质上符合其利益诉求，此时于双方当事人而言实现了利益“共赢”；再者在此种资源配置固定状态下，不存在增进一方当事人利益而无损于另一方当事人利益的优化方案。既如此，本次缔约结果毫无疑问属于帕累托最优。

2.1.2　格式条款关系下的维持解读

1）格式条款关系下的维持过程还原

经上述分析可知，只要是经当事人同意而缔结的合同，其必然属于帕累托最优。以此为依据不难推知，格式条款本质上也契合帕累托最优。

诚然在格式条款关系下，格式条款接受方缔约自由受到不同程度限制，但是否缔约的决策自由依然保留在其手中。同样，借鉴经济学上的理性人设想可知，虽然格式条款接受方是在缔约自由受到一定限制的情况下作出缔约决定，但这一决定表明其利益诉求在本次缔约过程中多少仍获得了满足，即相对于未缔约时的利益持有状态，其在缔约后利益实现了增加。而这就与自由磋商场合下的缔约存在“质”的统一，即此时仍旧符合上述当事人利益“共赢”论断。如此一来，在此刻经由格式条款所实现的资源配置固定状态下，显然不存在可增进一方当事人利益而无损于另一方当事人利益的优化方案（如上文所述，在此种资源配置固定状态下，当事人利益对比处于“此消彼长”关系中）。由此可见，即使是在格式条款关系下，帕累托最优依然获得了维持，而且也必然会实现帕累托最优。究其原因，一者在于格式条款相对方本质上为理性经济人，再者在于对格式条款的接受仍由该相对人自主决定。

2）格式条款关系下的维持结果考评

根据上述分析可知，即使是在格式条款关系下，因其仍旧保留了格式条款接受方自主作出缔约与否的自由，故使得帕累托最优在此时得以维持。就此而言，只要当事人具备经济理性且掌握缔约与否决定的自由，则无论其缔结自由磋商合同抑或包含格式条款的合同，均属于帕累托最优。换言之，“任何自愿的交易都是帕累托改善的，这是相对于没有交易来说的。只要是签订了合同，不管是格式合同还是自由合同，相对于没有订立合同来说都是帕累托改善”。[①]由此可知，即使是在格式条款使用场合下资源配置在整体上看依然达到了最佳状态。但需要注意的是，帕累托最优理论始终是站在各方当事人利益整体格局上进行考评，而从未斟酌当事人之间利益对比情况。其虽然注意到了各方当事人利益“共赢”结果，但未能注意到各方当事人彼此

① 柯华庆. 格式合同的经济分析［J］. 比较法研究，2004（5）：32.

获利大小差异。利益“共赢”最多只能说明此种资源配置方式是有效率的，但却无法同时说明此种资源配置方式是否公平，而这正是帕累托最优理论存在的“视野盲区”。

虽然帕累托最优理论在考评格式条款使用场合下资源配置效果时存在上述“视野盲区”，但这并未推翻上文分析所得结论，即在格式条款场合下帕累托最优依然得以维持。而此种维持结果即表明，格式条款在现实交易中虽时常引发接受方不愉快，但终究而言，其本质上依旧是一种“共赢”的资源分配手段。

2.1.3 “帕累托最优”维持总结

由上文分析可知，在非格式条款交易场合下，帕累托最优维持结果证明自由缔约是一种可实现共赢的资源分配方式。而当考察场域转换至格式条款关系下时，帕累托最优结果依然得以维持。虽然彼时在合作剩余分配比例方面，较之于非格式条款场合对接受方更不利，但在“本质属性”方面，格式条款与非格式条款均为可实现当事人间资源配置共赢的交易方式。

到此便可以回答上文提出的疑问：在格式条款早已演变成使用人压迫相对人工具的当下时代，相对人为何仍愿意接受格式条款？原因在于彼时相对人通过接受格式条款而完成的资源再配置相对于拒绝格式条款而维持资源配置原状，其利益仍旧获得了改善。更为重要的是，因其接受格式条款同时基于其经济理性与自主决定，故此种利益改善结果也属于帕累托最优。当一方面缔约相对于不缔约更能实现双方利益改善，另一方面自由磋商又无可能性的境况下，格式条款无疑是现实性的最佳方案，亦是接受方仅有的交易机会选择。从接受方角度审视，这是格式条款得以存续的根本原因。

2.2 法人“科层制”结构契合探究

2.2.1 使用人考察视角内向转换

按照传统理论观点，强势交易方（通常为大企业乃至垄断性企业）之所以钟爱格式条款，除了利于提升交易效率外，还在于此种交易方式能够强化其对交易活动的掌控力度，由此增强其市场活动话语权。而对于那些在本行业内占据支配地位的垄断企业而言，强行使用自己拟定的格式条款则能够持续稳固其市场支配地位。就这一论点，需要从两个方面加以解读：一者就交易强势方与其交易相对人之间关系而言，格式条款是交易强势方把握交易主导权的“法宝”；再者就交易强势方与其他竞争者之间的关系而言，格式条款在前述关系下带来的交易收益能够进一步提升其竞争实力。因此无论是从纵向的“强势交易方—交易相对人”关系角度考量，还是从横向的“交易强势方—其他竞争者”关系角度考量，格式条款都有助于强化强势交易方的市场话语权。

毫无疑问，依据这一论点我们确实得以窥见强势交易方追捧格式条款的利益动因。但值得注意的是，这一观点乃是立足于强势交易方自身之外进行审视后获得的，即它与此前提到的格式条款“交易效率提升”功效观点一样，是置身于强势交易方参与市场交易活动的过程来展开思考。相比于此，哈佛大学拉考夫教授则提出了一种全新的考察视角——企业内部组织考察视角。当立足于这一视角下考察格式条款存续原因时，考察者进入强势交易方的组织体内部展开分析，由此强势交易方自身成为唯一的考察场域，此时不再涉及交易相对方、其他竞争者等要素。

2.2.2 “企业内部组织”理论引介

1）拉考夫观点简述

分析格式条款在近代盛行不衰的原因，拉考夫认为迄今学说皆不充分。“历来的观点认为，使用约款可降低大宗交易的费用，减少营业上的风险，进而加强垄断企业对市场的支配。然而均忽视了下面一点，即‘附合契约利用之增大无非是企业组织支配现代经济的一个侧面。企业一方面为使对外的市场交易上的关系安定化而制定约款，另一方面的目的是为适应构成科层制度的内部分割的企业结构的要求而制定约款。附合人对附合契约的态度只有放在这一制度的因果联系中方能够理解’”。①

按照上述拉考夫的看法，除“降低交易费用、减少营业风险及加强市场支配力量”等效用外，格式条款（附合条款/约款）为企业所追捧的原因还在于其适应了企业内部组织结构的运行需求，有助于提升企业内部组织结构的运行效率。就此拉考夫分析指出：“从企业组织结构的观点看，约款在如下方面将提高效率性。第一，约款使企业部门间的调整变得容易，即可以节约贩卖、投送、集资、投诉处理等诸部门间的信息沟通成本，强化交易的进行；第二，可将有关风险等的组织决定贯彻到最基层的人，节约了逐个说明的成本；第三，最基层的销售人员自动抑制由于贩卖扩张的压力所导致的组织所不希望的交易，节约内部的控制成本；第四，有利于组织内部权力结构的固定化，即对组织而言裁量权是权力，如果承认最基层的人对契约内容的裁量，统治就会变得困难，如果对一切条款允许裁量，就需要必要的培训和能力，这样一来，担当者将有相应的地位和报酬，约款带来的

① 内田贵. 契约的再生［M］. 胡宝海，译. 北京：中国法制出版社，2005：35.

交易的强化，使这种裁量权保持在企业的上层成为可能。”[1]从以上归纳可知，站在企业内部组织结构层面审视格式条款，其实际上具有类似组织体运作规则的效果。也就是说，虽然当初在拟定此款格式条款时目的是为进行对外交易活动，然而一旦该格式条款产生以后，其作用对象不仅限于企业外部交易相对人，还会触及企业内部分支部门及相关员工。具体而言，当一款条款被固定下来，则与此相关的企业部门及员工的活动要求、权责明细、义务内容等亦被固定下来，在此后若干次对外开展交易活动时，便不必再“一事一议”或“一事多议”。此时相关部门及员工将共同“服从”于该格式条款，由此在沟通协作、指令传达、失误管控、成员培训等方面更有效率。最终来看，这对于企业内部组织结构运行效率的改善颇有助益，尤其是对那些内部组织结构层级多、部门杂、权责交叉频繁的大型企业而言效果更为显著。

2）拉考夫观点评析

显然相对于传统解读视角，“拉考夫这种将约款作为组织论乃至组织内部权力问题来把握的视点被认为是开拓了美国约款论前所未有的新视野……依据这一理论结构，约款交易不单对被提出约款的对方当事人而言制约了交涉、决定契约内容的自由，而且对约款使用一方当事人而言，约束了其内部组织的力量关系，换言之，内在地拘束了自由。这样，脱离了将契约当事人作为单纯的单子来把握的原子论的视点，采用了组织论的视点，对约款不是单单作为组织内的便宜问题，而是要看成权力关系的反映。这一立场，实际上给予契约关系的一般理解以重要的启迪”。[2]不过拉考夫这一观点虽具有非凡的理论启示价值，但在实践中却并未对美国立法及私法带来影响，尤其是其

① 内田贵．契约的再生［M］．胡宝海，译．北京：中国法制出版社，2005：35-36.
② 内田贵．契约的再生［M］．胡宝海，译．北京：中国法制出版社，2005：37.

主张的“没有任何正当化理论支持定式合同的效力，所以应当否定其效力”的观点过于偏激，由此难以在追求稳定与渐进的实务领域获得赞同。但撇开其偏激结论及美国环境，仅仅将关注视角聚焦于上文所简述的“企业内部组织”理论，则拉考夫的观点对我们考察格式条款在当下的存续必要性仍颇有启迪价值。其最大的理论价值在于，初步揭示了格式条款与现代企业“科层制”组织结构之间的契合性。

2.2.3 格式条款对法人“科层制”契合

1）“科层制”结构向法人制度之嵌入

“科层制”是由英文“bureaucracy”一词翻译而来，但在有的场合下其还被翻译为“官僚制”。据相关学者考证，“‘bureaucracy’这个词是蒙西尔·德·古尔耐（Monsieur de Gournay）在1745年首先使用的。他把既指办公室又指桌的‘bureau’和一个来自希腊语的词汇‘统治’（to rule）连在了一起，即‘rule by the bureau’，其字面的解释就是‘官僚的统治’”。[①]但后来将“官僚制”发展为一套经典理论的则是德国社会学巨擘马克斯·韦伯，“韦伯的官僚制组织不是日常意义上的文牍主义、墨守成规、效率低下的组织形象，而是指一种理想类型的组织结构的形态及其行为模式。其中，合理合法的权力或职权是官僚制组织的核心要素，以合理合法的权力为基础的官僚制组织是最有效地进行管理的组织形式”。[②]就此理论观点来说，马克斯·韦伯所述“官僚制”不同于我们在日常语境下所使用的“官僚制”。事实上，当我们在日常生活中使用“官僚制”一词时，往往会不自主地引申到“官僚主义”“官僚作风”“官僚派头”等贬义方

① 王春娟. 科层制的涵义及结构特征分析——兼评韦伯的科层制理论［J］. 学术交流，2006（5）：56.
② 王春娟. 科层制的涵义及结构特征分析——兼评韦伯的科层制理论［J］. 学术交流，2006（5）：56.

向，与此相伴随的潜在认识则是“效率低下”“事项冗杂”“权力凌人”等负面印象。鉴于“官僚制”在中国日常语境中的本土性偏见，故此处继续将“bureaucracy”翻译成“官僚制”已不太妥当，将其翻译成“科层制”或许更为适宜，盖因这一表述更加“中立”与“客观”。

重新回到马克斯·韦伯的理论上来，按照他的解释，“科层制不是一种政府类型，而是指一种由训练有素的专业人员依照既定规则持续运作的行政（管理）体制，尽管科层制发端于普鲁士那样的官僚制国家，但是这种行政（管理）类型越来越盛行于所有的政治体制，不管是君主制还是代议制，甚至是所有承担大规模复杂行政管理任务的组织，如商业企业、工会和政党等”。[①]由此可见，韦伯是在“组织体组织方式”这样一种比较宽泛的层面上来定义“科层制”的。此时“组织体”并不限于国家或政府，实际上可以涵盖任何内部存在复杂层级构造、具有复杂权力配置及复杂职能划分的组织体。归根到底，其是一种组织体制。而当近代法人诞生之后，尤其是当法人制度迈进垄断时代后，“科层制”在大型企业内部获得了新的生长领地。

法人制度虽赋予法人以独立的法律人格，但在现实中支撑这一独立法律人格的乃是法人内部的组织构造。尤其值得关注的是，一个获得独立法律人格的法人欲现实地行使其权利、履行其义务及承担其责任，归根到底有赖于其内部组织构造的顺畅运转。因此，当近代法人制度在法律层面赋予其独立的法律人格后，如何实际地实现这一法律人格则成为法人自身面临的重要议题。尤其是对那些经由充分发展而壮大起来的法人企业，这一问题变得更加急迫。历史经验表明，“科层制”组织结构成为采纳最为广泛的应对方案。依据这一方案，法人

---

① 王春娟. 科层制的涵义及结构特征分析——兼评韦伯的科层制理论［J］. 学术交流，2006（5）：57.

内部组织结构被按照如下规则进行架构：首先从纵向上看，事权被按照层级进行配置，由此形成了不同层级的权力组织结构，下级服从于上级权力领导；其次从横向上看，事权又被按照业务内容进行配置，由此在同一级层面上形成了不同职能部门组织结构，彼此之间分工协作。经由这一架构工作，法人内部组织结构即形成了韦伯所意想的“以分部—分层、集权—统一、指挥—服从等为特征的组织形态”。①进一步而言，近现代法人之所以对“科层制”青睐有加则源于其所具有的几个典型特征：首先是完成了业务的细致分工并得以专业化，其次是保障权力始终掌握在上级手中，再次是基于业务分工与上级权力保持而得以维持自身稳定，最后是角色去人格化设计降低了失误风险。

就“业务细致分工并得以专业化”而言，其意指在“科层制”组织结构中，业务按照其内容被配置于不同职能部门及具体职能岗位，由此业务的处理便得以向“精细化”方向展开，最终能够让那些“术业有专攻”的职能部门及职能人员处理具体业务板块，从而可以实现业务处理的专业化；就“权力始终掌握在上级手中”而言，其意指在“科层制”组织结构中，事权被按照层级加以配置，由此形成了下级服从上级的组织构造，最终既实现了“放权”目标又实现了“集权”需求；就“维持自身稳定”而言，其意指在“科层制”组织结构中，因业务已实现细致分工且权力依旧被掌握在上级手中，故扯皮、推诿、任性等事件发生频率大大降低，由此组织体的运转状态更为稳定；就“角色去人格化设计降低失误风险”而言，其意指在“科层制”组织结构中，员工个人的特性被抹去，仅能根据其职权授予及业务配置来扮演相应的“组织要素”角色，就像组织体这台机器上的一

① 林婷．关于“科层制”与“官僚制”的概念辨析［J］．云南行政学院学报，2005（2）：68.

个零部件一样开展活动，由此员工个人的任性行为发生的概率被极大降低，从而其行为失误风险也相应降低。

2）格式条款对法人“科层制”之迎合

上文对“科层制”在法人制度中嵌入进行了简要解读，最终结论表明，其之所以能够为近现代法人制度所中意并适用良好，原因在于其具备“业务细致分工并得以专业化”等四方面特性。有鉴于此，此时来探讨格式条款与法人“科层制”组织结构的契合，无非是从这四个特性方面切入，分析格式条款在这四个方面是否能与法人“科层制”组织结构适应。

首先就“业务细致分工并得以专业化”而言，格式条款能够与之形成契合。通常而言，格式条款往往由法人内部专门的法务部门或有丰富法律实务经验的职员草拟，由此保证预先占有尽可能多的法律权益与经济利益，同时尽可能多地规避交易风险。任何一项格式条款必然是经过缜密斟酌后拟定的，并且必然是经不同职能部门协调沟通后所形成的意见结晶，可见这一过程本身即是“业务细致分工并得以专业化”的具体体现。从这一角度而言，一个确定格式条款的形成乃是法人内“业务细致分工并得以专业化后”的再次总结。在存在顺畅沟通协同机制的情况下，业务分工细致程度及专业化水准直接决定了法人所使用的格式条款的“质量”。

其次就“权力始终掌握在上级手中”而言，格式条款也能够与之形成契合。如上文所述，格式条款的形成必然是经过法人缜密斟酌的，而在这一斟酌过程中必然涉及不同事权层级之间协同配合，由此最终被确定下来的格式条款亦必然蕴含了“科层制”组织结构下“下级服从上级”的关系。而一旦这项格式条款被确定之后，则会在一定的时间段内反复使用，如此便得以保障此种关系持续稳定地渗透于法人外部交易活动中，最终来看其实是确保了法人的事权始终掌握在上级手中。

再者就“维持自身稳定”而言，格式条款也能够与之形成契合。诚如上文所述，“科层制”组织结构所具有的“维持自身稳定”的特性由“业务细致分工并得以专业化”和“权力始终掌握在上级手中”这两点特性共同生发而来。当格式条款已经能够与这两点形成契合时，则无疑其也具有维持法人“科层制”组织结构自身稳定的效果，就此而言其自身也与“维持自身稳定”这一特性相契合。除此之外，当我们立足于法人内部来审视格式条款时，可以发现其具有“类规范”特征，即当一款格式条款被确定下来后，今后相应的对外交易活动皆将以此为准，如此就仿佛为法人内部相关职能部门及职能人员确立了一个共同准则。而任何与之相关的职能部门或职能人员亦不准作出与之相偏离的举措，除非经由内部表决程序对该格式条款加以变动。因此从这一角度看，在一款格式条款被使用期间，与之相关的职能部门及职能人员作出任意性行为的概率是被降低的，这对整个法人组织体的运转而言无疑意味着一种稳定。

最后就“角色去人格化设计降低失误风险”而言，格式条款同样能与之形成契合。诚如拉考夫所言，在格式条款被使用的场合下，“最基层的销售人员自动抑制由于贩卖扩张的压力所导致的组织所不希望的交易”。[①]简言之，在法人“科层制”组织结构中，每一个员工均褪掉自身个性，扮演着“组织要素”的角色。格式条款所具有的“规范化”与“不变性”则十分有助于其实现这种角色转变，因为对于那些与格式条款实际使用相关的员工而言，其首先要做的并不是积极发挥自己的行动创意，而是将已经在组织体内部确立好的格式条款推向落实。在这一目标意旨下，该员工必然会主动克制自己的个性冲动，积极朝着“组织要素”这样一种机械性角色转变。其结果就是经

① 内田贵．契约的再生［M］．胡宝海，译．北京：中国法制出版社，2005：35.

由组织体内部决策而确定的格式条款最终能在一线被原原本本地使用，组织体的整体意志也因此而贯彻于实际交易活动中，相应地各层级员工作出不可预知的个性行为的概率被降低。考虑到员工个人能力局限、信息掌握局限、秉性差异及偏好差异等因素，相对于作为组织体整体意思结晶的格式条款，放任其作出不可预知的个性行为将更容易导致交易失误。因此从这一角度而言，格式条款与法人“科层制”组织结构“角色去人格化设计降低失误风险”的特性也契合。

综上所述，格式条款与法人“科层制”组织结构所具有的“业务细致分工并得以专业化”等四方面特性完全契合，由此可见格式条款与法人“科层制”组织结构本身存在着契合性。随着近代法人制度的确立，传统民事主体制度发生了天翻地覆的变化。目前，法人已经成为市场经济下最主要的参与者。鉴于法人远超自然人的市场影响能力，因此可以说当今市场经济即是法人经济，法人的制度倾向亦在相当程度上塑造了整个市场经济的制度发展倾向。由此来看，既然“科层制”组织结构已经完满嵌入近现代法人制度中，而格式条款本身又与法人“科层制”组织结构相契合，由此也不难理解为何格式条款直到今天仍旧会大行其道。

3）对法人“科层制”结构契合之考评

经上述分析，我们已可以回答前文所提出的另一疑问——在对格式条款使用进行管控已成普遍政策趋势的背景下，维持使用人使用热情的动因是否仅限于“交易效率提升”功效一种？——毫无疑问，经由上述分析已可确认，“交易效率提升”功效只是维持强势交易方格式条款使用热情的一个动因，格式条款与法人“科层制”组织结构的契合性是另外一个重要动因（上文提到的“市场话语权强化”功效也是一个动因）。因此，在“科层制”仍为主流的法人内部组织结构的当下，格式条款的存续有其必要性。

诚然，目前在现实中已经出现了一些新型的法人内部组织结构方案，例如新型互联网产业中所流行的“扁平化管理”，但这样的新型方案仍旧处于发端时期，尚不足以抵消格式条款存续的必要性。当我们秉持“中国问题意识”来看待这一现实变化，应注意到我国目前正处于“市场经济完善进程中”，原有的国有企业本身面临着管理机制改革重任，而后发的私营企业则出发时间较短，整体上来看比之于西方发达国家上百年的法人制度发展历程，我们的法人制度发展尚还处于“上半场”。因此，在当下及未来一段时期，“科层制”组织结构依然是我国法人制度中组织结构方案之主流选择，由此也决定了格式条款在我国依旧具备长期存续的依据。

2.3 契约自由与契约公平崩坏探究

2.3.1 格式条款关系下契约自由形式化演变

1）“民事主体提炼性思维”僵化

①“民事主体提炼性思维”抽象性与均质化

考察民法发展历史不难发现，传统民法理论在进行自身建构时存在着一个突出特点，即其将作为规范对象的民事关系中的“生活要素”加以剥离并予以摒除，进而以规则的形式将其抽象化，最终导致形式与内容上的双重规范性。这一法律技术也被直接适用于主体制度方面，由此形成了别具特色的“民事主体提炼性思维”。

“民事主体提炼性思维”是传统民法理论建构者在具体构建民事主体制度时，将主体在现实生活中所承担的各种身份剥离并予以抛弃，最终只保留“民事主体”这一种角色的法律技术思维。具言之，“民事主体”乃是一种民事法律层面的“抽象人格”，“近代民法对于民事主体仅作极抽象的规定，即规定民事主体为‘人’。它是对一切人，不分国籍、年龄、性别、职业的高度抽象的规定。当时，在资本主义体制下作为商品交换主体的劳动者、消费者、大企业、中小企业等具体类型，在民法典上，被抽象为‘人’这一法人格。‘人’包括‘自然人’和‘法人’”。[①]由此可见，“民事主体”是一个纯粹的法律概念，是形形色色的现实生活主体经“民事主体提炼性思维”抽象之后所得结果，因此“抽象性”是这一思维的首要特征。另外，在提炼出“民事主体”这一法律概念之后，所有纳入“民事主体”这一概念的法律文本皆无例外地承认“民事主体地位一律平等”。值得注意的是，这种“主体平等”理念乃是建立在“民事主体提炼性思维”所具有的“均质化”特征之上的。换言之，正是因为“民事主体提炼性思维”具有“均质化”特征，才使得持有这一思维的传统民事制度建构者在抽象出“民事主体”这一法律概念时，得以剥离并抛弃相关现实生活要素，例如性别、种族、职业、信仰、受教育程度等。“民事主体一律平等”的潜在含义是指不以这些现实生活要素为依据而赋予相关民事主体以不同法律地位。由此可见，“均质化”应是“民事主体提炼性思维”的另一个典型特征。也正是基于这一特征，在依据“民事主体提炼性思维”进行民事主体制度构建时方得以确认“民事主体一律平等”的信条。

概言之，传统民事理论建构者在构建民事主体制度时秉持了“民事主体提炼性思维”，这一思维具有两大典型特征，即“抽象性”与“均质化”。其中“抽象性”使得制度建构者能够廓清现实生活的迷雾，进而从形形色色的现实角色身份中概括出“民事主体”这一纯粹

---

① 梁慧星．从近代民法到现代民法——二十世纪民法回顾［J］．中外法学，1997（2）：22.

法律概念；而“均质化”则使得制度建构者在概括“民事主体”这一概念时能够剥离并抛弃相关现实生活要素，通过法律技术手段确认“民事主体一律平等”信条。

②“民事主体提炼性思维”与契约自由之间的关系简述

近代民法时期，意思自治因其对个人主义精神的极大张扬而被奉为圭臬。意思自治的含义是“自主决定、自己担责”，其伦理基础秉持这样一条道德律令：“人间最高贵的事就是成为人。”作为意思自治在契约法领域的反映，“契约自由”被公认为契约法制度的基础理念，并在1804年《法国民法典》第1134条中获得最高地位的成文法“公示”。

“契约自由”蕴意精髓在于“自主自决”，而“自主自决”的基础则是民事主体地位的“平等性”。只有立足于平等地位，民事主体才有“自主自决”的可能，“契约自由”才有实现的现实基础。一旦民事主体地位不平等，“自主自决”无异于痴人说梦，因为在“追逐私利”的经济准则驱动下，地位不平等正好是部分占据优势地位的主体获取利益的绝佳手段，如此一来借其优势地位实施缔约压制就成为必然，最终“契约自由”将崩溃殆尽。

由此来看，经由“民事主体提炼性思维”所确认的“民事主体一律平等”是“契约自由”实现的法律基础，故早在传统民事制度建构者选择“民事主体提炼性思维”时，“契约自由”的基因就已经蕴藏在这一思维之中。由此可见，“民事主体提炼性思维”是“契约自由”实现的法律技术基础。

③“民事主体提炼性思维”固有缺陷归纳

经上文分析可知，“民事主体提炼性思维”具有“抽象性”与“均质化”两个典型特征。其中“抽象性”使得制度建构者得以从纷繁复杂的生活角色中归纳出“民事主体”这一法律概念，而“均质化”则使得制度建构者得以剥离并抛弃各种生活要素差异性，并最终在法律技术层面确认“民事主体一律平等”的信条。但细察之下就能发现，在“均质化”这一特征方面，“民事主体提炼性思维”存在着固有缺陷。

按照上文所述，“均质化”意味着制度建构者在提炼“民事主体”概念时，将性别、种族、职业、信仰、受教育程度等现实生活要素剥离并加以排除。但现实生活远比制度建构者想象中的复杂，因为即使是在排除这些要素之后，“民事主体”仍旧难以达成“完全均质化”。事实上，“民事主体一律平等”只是从法律层面而言的，而并非同时意味着在现实层面“民事主体一律平等”。法律层面的“民事主体一律平等”重在对实际生活主体所负载的“身份性要素”加以排除，而并不考虑实际生活主体自身的“能力要素”与“物质要素”差异。所谓“能力要素”包括“认知能力”“议价能力”“风险预估能力”等，所谓“物质要素”包括“经济实力”“人脉资源”“政策优势”等。

由此来看，“民事主体提炼性思维”所具有的“均质化”特征只是一种法律价值观层面的“无差别化”，即“身份无歧视化”。但其并不同时涵盖实际生活层面的“无差别化”，就此主体在“能力要素”及“物质要素”方面存在的差异并不为“民事主体提炼性思维”所考虑。此种层面分化所产生的影响在于，“民事主体提炼性思维”下的“均质化”特征只是确认了“民事主体一律平等”这一法律底线，而实际生活主体的“能力要素”差异及“物质要素”差异决定了“民事主体一律平等”的实现效果。当实际生活主体的“能力要素”差异与“物质要素”差异过于巨大时，则“民事主体一律平等”的追求将无限趋于落空，“民事主体提炼性思维”借由“均质化”特征所确认的“民事主体一律平等”将无限趋于消弭。这一风险是“民事主体提炼性思维”本身所无法应对的，因为其从一开始根本未将实际生活主体的“能力要素”差异与“物质要素”差异纳入考虑范畴，而这正是其存在的固有缺陷：“民事主体提炼性思维”虽然从法律技术角度确认了“民事主体一律平等”信条，但是在保障这一信条实现的效果方面却无能为力。

2）契约自由形式化演变

按照上文所述，“民事主体提炼性思维”具有“抽象性”与“均质化”两大特征，其中以“均质化”特征为基础，借由“民事主体提炼性思维”制度建构者得以从法律技术角度确认“民事主体一律平等”信条。此外经分析可知，“民事主体一律平等”是“契约自由”实现的法律基础，由此亦可推知“民事主体提炼性思维”是“契约自由”实现的法律技术基础。

通过进一步探讨可知，“民事主体提炼性思维”只是确认了“民事主体一律平等”信条这一法律底线，但是就其实现效果而言，这一法律技术手段并不能施加任何影响。概言之，借由“民事主体提炼性思维”，制度建构者得以保障“契约自由”的存在，但却无法保障其实现效果。相比之下，实际生活主体所掌握的“能力要素”及“物质要素”对此有直接而重大的影响力。这两方面要素差异越大，则“民事主体一律平等”信条实现效果的差别就越大，最终“契约自由”实现效果的差别也越大。当我们将这一结论引入格式条款关系场合中时会发现，“契约自由”的实现效果通常大打折扣，乃至于愈发朝着“形式化”方向演化。

所谓“形式化”是指在格式条款关系下，“契约自由”无限趋近于有名无实的状态，即“契约自由”固然还存在，但其实现效果已经极其微弱，乃至于无限趋近于消弭。依据上文分析可知，导致格式关系下“契约自由形式化”的原因在于现实生活主体在“能力要素”及“物质要素”方面差异过大进而使得“契约自由”实现效果不断减损，而“民事主体提炼性思维”对此无能为力。换言之，即格式条款使用人与格式条款使用相对人在“能力要素”及“物质要素”方面存在巨大差异，由此极大影响了“契约自由”的实现，对此“民事主体提炼性思维”无法予以救援，甚至于有放任之嫌。

就此处所言格式条款关系下当事人“能力要素”与“物质要素”，主要包括当事人认知能力、议价能力、财务实力、交易知识储备、市场信息储备、市场政策资源以及交易成本需求等。其中，最常见亦最为重要的是当事人认知能力、当事人财务实力、当事人市场信息储备及当事人交易成本需求四方面要素。而考诸现实生活经验不难发现，在这四个要素方面，通常格式条款接受方至少在一个方面处于劣势，有时还会处于全面劣势境地。而格式条款使用人在这四个要素方面往往均占据优势，或者至少处于均势。当这些要素共同发挥作用时，则格式条款接受方往往处于极大的交易劣势地位，由此产生实际上的交易地位不平等状况。进一步看则是“民事主体提炼性思维”所确认的“民事主体一律平等”信条在现实交易过程中实现困难，最终来看则是“契约自由”在现实交易过程实现困难。这样一种实现困难的强化过程，即是格式条款关系下契约自由形式化演变过程，最终会导致格式条款关系下契约自由形式化。

最后值得一提的是，按照传统民法理论，与“契约自由”联系最为紧密的两个板块当属“行为能力制度”与“意思表示制度”。概言之，按照传统民事理论观点，契约自由的实现基础主要为两点：一是缔约人具备必要的行为能力，二是缔约时不存在意思表示瑕疵情形。若以此两点审视格式条款关系下契约自由形式化演变，则实际上根本不存在任何法律上的不妥适。因为在格式条款关系下，虽然契约自由不断向形式化演变，但在这一过程中并不存在缔约人行为能力不足及意思表示瑕疵情形。由此可知，在传统民法理论场域下，不仅是“民事主体提炼性思维”对格式条款关系下契约自由形式化演变无能为力，既有的行为能力制度及意思表示制度也无能为力。实际上，面对格式条款这一后发法律问题，传统民事制度所能提供的应对策略甚为有限。而这也意味着，探索新的针对格式条款的专门性法律制度势在必行。

2.3.2 格式条款关系下契约公平实质性畸变

上文从“民事主体提炼性思维”这一技术性角度分析了“格式条款关系下契约自由形式化演变”，以此结论为起点还可推导出“格式条款关系下契约公平实质性畸变”论断。

1）“以合意正当证成合同公平”构想落空

①“以合意正当证成合同公平”构想简述

作为资源配置工具的合同，对其采纳与否必然涉及对资源配置结果的公平性考量。就契约公平而言，在传统合同法中占据主导地位的思路是“以合意正当证成契约公平”。首先古典契约理论对谈判及订立合同过程中的公平与合同结果或结局中的公平进行了根本区分，而法律的主要功能在于保证程序公正。原因在于，“作为一个能够承担责任的成年人，每一方均被假定为已经权衡过其为交换所欲之物而打算付出之物的价值。如果每一方对交换都是满意的，又怎能说结果是‘不公平’的呢？而且（根据古典理论）这里没有理由担心不公平。因为如果合同法运行良好，程序被严格遵守，当事人仅受其自由、自愿订立的合同的约束，那么作为合同的结果，双方无论怎样都应当会从中受益，他们所进行的交换将产生经济学家所指的‘交易收益’，一种积极盈余，该盈余作为合同的结果在他们之间进行分配”。[①]由

① 阿狄亚．合同法导论［M］．赵旭东，何帅领，邓晓霞，译．北京：法律出版社，2002：300.

此来看，古典契约理论采纳的是一种“主观公平观”，或者也可以称之为“程序公平观”。按照这一公平观指引，衡量合同关系是否符合契约公平的唯一依据即是合同是否由当事人双方自主自决缔结。

其次在司法实践中，法院也更愿意强调合意程序上的不当因素，而不愿意直接就交易结果公平与否作出裁断。这既是对立法意旨的秉承，同时也是对自身理性的清晰认知。“考察各国立法与司法实践可以发现，避免执行不公平交易所使用的方法很少把公平作为有关的考虑，而是通过形式上的技术性运用，达到使不公平条款无效的效果。换言之，法院更愿意强调形式上、程序上的不当因素，而不愿直接提及交易公平与否。实体性不公平可能提供了法律干预的动机，但使合同无效的正式的法律理由却往往是以存在程序性缺陷来表达的，比如存在欺诈或者出乎意料的条款，结果是虽然法院在特定案件中有理由关心实体性不公平，但作为判决的正式理由是以存在程序性缺陷为依据的”。[①]

由此可见，不仅是传统合同法理论，传统合同法司法实践亦是秉持“以合意正当证成合同公平”。概言之，传统合同法制度对基于合同而实施的给付是否公平，其判断依据不在给付结果本身，而在当事人达成给付合意的过程。只要当事人之间达成合意的过程无瑕疵，那么出于对当事人理性判断的信赖与尊重，基于该合意而为给付之结果即被法律推断为公平。古典契约理论此种思路在当时之所以能为现实所接纳，仍旧要回到传统民法制度中的“民事主体提炼性思维”上。

②“以合意正当证成合同公平”构想失败

上文经分析已确认“民事主体提炼性思维”是“契约自由”实现的法律技术基础，同样按照古典契约制度所秉持的“程序公平观”，

① 张良．论不公平格式条款的形式性规制［J］．河南大学学报（社会科学版），2013（3）：57．

则“契约自由”乃是“契约公平”认定的依据，因此将这一逻辑过程串联起看则“民事主体提炼性思维”亦是“契约公平”实现的法律技术基础：“民事主体提炼性思维”借由“均质化”特征而确认“民事主体一律平等”，以“民事主体一律平等”为基础而得以实现“契约自由”，最后以“契约自由”为基础得以实现“契约公平”。不过需要指出的是，这一逻辑论证过程只是在纯法律层面展开，是一种纯粹的法律理论演绎过程。而在这之外真正值得关注的是，这样一种法律理论演绎思路缘何得以被现实采纳？换言之，此种法律理论演绎思路究竟与当时的社会生活存在何种契合关系？其后又遭遇到怎样的现实困境？

据梁慧星教授考察，近代民法的一整套概念、原则、制度、理论和思想体系均“建立在对当时社会生活所作出的两个基本判断之上。这两个基本判断，是近代民法制度、理论的基石。第一个基本判断，叫平等性。在当时不发达的市场经济条件下，民事法律关系主体主要是农民、手工业者、小业主、小作坊主。由于受生产力发展水平的限制，从事生产和参加交换的主体，主要是以家庭为单位的农民、手工业者，再就是雇用少数工匠的小业主和小作坊主……而所有这些主体，在经济实力上谈不到有多大的区别。差别当然是有的，但从整个社会范围来看，差别不大，一般不具有显著的优越地位……因此，法学者和立法者对当时的社会生活作出一个基本判断，一切民事主体都是平等的，叫作平等性。第二个基本判断，叫互换性。所谓互换性，是指民事主体在市场交易中，在民事活动中频繁地互换其位置，在这个交易中作为出卖人与相对人发生交换关系，在另一个交易中则作为买受人与相对人建立交换关系。前面谈到的平等性判断，并不是说一切生产者在经济实力上绝对平等，一点差别都没有……主体之间存在的并不显著的经济实力的差别或优势，因为主体不断互换其地位而被抵销。在平等性上的不足，因互换性的存在而得到弥补”。[①]有鉴于此，当古典契约理论所构想的民事主体地位平等，在实际经济生活中获得现实支持时，古典契约“程序公平观”才能在实际经济活动中运行不悖。概言之，古典契约理论民事主体平等构想与实际经济活动中主体地位大致平等现实之间的吻合，是古典契约理论“程序公平观”正当性的根基。

但从19世纪末开始，实际经济活动中的主体地位大致平等现状发生了剧烈变化。“首先是作为近代民法基础的两个基本判断即所谓平等性和互换性已经丧失，出现了严重的两极分化和对立。其一是企业主与劳动者的对立，其二是生产者与消费者的对立，劳动者和消费者成为社会生活中的弱者。”[②]历经这一变迁，原先“一切民事主体平等”设想已同现实生活脱节：以消费者和劳动者为代表的弱势群体很难再争取到现实的平等地位，而生产分工及其固化使得“互换性弥补不公平性”机制失灵。自此时起，现实不公平已经愈发明显，然而传统民事理论中的“民事主体提炼性思维”并未注意到这一变化，其依然持有旧式“均质化”看法。进一步而言，当现实经济活动中主体地位不再大致平等，反而愈加趋向普遍不平等时，古典契约理论中的民事主体地位平等构想与经济生活实践彻底脱节，以此构想为立论基础的“程序公平观”逐步成为不切实际的空想。此时古典契约理论“以合意正当证成契约公平”的思路亦遭遇“理论脱离实际”困境。继续沿用这一理论维持传统合同法制度，只会导致契约越来越不公平。

---

① 梁慧星. 从近代民法到现代民法——二十世纪民法回顾［J］. 中外法学，1997（2）：20-21.

② 梁慧星. 从近代民法到现代民法——二十世纪民法回顾［J］. 中外法学，1997（2）：24.

2）契约公平实质性畸变

①传统契约法视角下的契约公平实质性畸变

经上文分析可知，在近代民法发展早期，因基于“民事主体提炼性思维”而确认的“民事主体一律平等”信条与实际生活现状大致吻合，故在此基础上实现的“契约自由”自然也可以成为“契约公平”实现的基础。然而，进入19世纪末期后，现实生活中的民事主体地位“平等性”及“互换性”不复存在，“民事主体一律平等”不再是一种生活现实，而只是一种旧式的理论设想。就此“民事主体提炼性思维”未作出及时策应，最终使得“以合意正当证成契约公平”的思路遭遇到“理论脱离实际”的困境。而这一切所导致的终极后果则是“契约公平不断向实质性畸变方向演化”，并且这一点随着格式条款时代的到来变得愈发显著。

面对此种现实的不公平，传统契约法制度应对十分消极。在其惯有的“民事主体提炼性思维”的指引下，在“以合意正当证成合同公平”的构想指导下，此种现实的契约不公平不仅无法受到恰当管控，反而因其并未彻底跌破“契约自由”的底线而获得了法律上存续的依据。对于格式条款使用人而言，其手握使用格式条款的正当理由——“以合意正当证成契约公平”；对于格式条款接受方而言，其背负格式条款所施加的不公平——背后依据仍旧是“以合意正当证成契约公平”的准则。到了格式条款时代，经由“合意正当”所证成的“契约公平”日渐演化为一种名义上的公平，其实质层面早已发生畸变：对于格式条款使用人而言，其可以借由“合意正当”来继续主张契约公平；对于格式条款接受方而言，其不得不接受因“合意正当”所带来的“契约不公平”。由此可见，这是一种单方性的“契约公平”，一种已发生实质性畸变的“契约公平”。

②法经济学视角下的契约公平实质性畸变

虽然传统合同法“以合意正当证成契约公平”的思路在格式条款关系下面临着逻辑不畅和正当性不足困境，但这并非意味着任何格式条款关系下的给付结果均缺乏公平性。“即使是诚实的商人，也难以抵挡为了自己的利益而利用此间产生的判断余地的诱惑。”[①]不过也应承认，在市场经济下不可能存在绝对公平的互利结果，所谓的公平事实上只是“可接受的不公平”。“法经济学研究表明格式条款的市场失灵并非导致交易的极度不公，只是使条款的‘质次价高’成为交易常态。”[②]因此，在通常情况下，格式条款关系下的给付结果存在着无限趋近于极度不公的趋势，并且此种趋势随着格式条款的泛行业化使用而逐渐常态化。立足于法经济学的角度看，导致这一极度不公趋势的经济因素在于“合作剩余分配比例失衡”，甚至“严重失衡”。

就“合作剩余分配”的释义，需重新回到上文提到的“帕累托最优”理论。按照该理论解释，任何一个自由缔结的合同必然符合“帕累托最优”，即使包含格式条款亦是如此。因为比之于未订立合同而言，缔约后当事人双方必然均可获得收益，这本是每个合同当事人缔结合同所追求的目的。如果缔结合同不能实现自身获益，则当事人不会缔约。只要有自由缔约，即意味着当事人共赢，由此即满足“帕累托最优”。但是“帕累托最优”理论在此处的应用只是证明了自由缔约能够使双方当事人均获得收益，但关于二者之间获益对比关系问题则未予说明，此种“获益对比关系”的实质即为“合作剩余分配”。

“合作剩余”指交易双方心理底线价格之间的差值，这部分差值经由博弈后形成的分配方案即为“合作剩余分配”。现实生活中反复展开的交易磋商过程，本质上都属于“合作剩余分配”。比如对某商

① 梅迪库斯．德国民法总论［M］．邵建东，译．北京：法律出版社，2013：295.
② 马辉．格式条款规制标准研究［J］．华东政法大学学报，2016（2）：88.

品卖方心理底线价格（最低成交价格）为500元，而买方的心理底线价格（最高成交价格）为1 000元，那么此时的合作剩余为500元。买卖双方实际磋商的过程就是对这500元的合作剩余进行分配的过程，但无论最终如何分配于买卖双方而言在事实上都是获利的，因为他们都在自己的心理底线价格之上或之下完成了交易。不过此处仍有一个隐藏因素不可忽视，即买卖双方进行合作剩余分配的比例。假设买卖双方最终成交价格为900元，此时合作剩余分配比例是1∶4；假设买卖双方的最终成交价格为600，则合作剩余分配比例为4∶1。而事实上在通常情况下，1∶4的合作剩余分配比例会令买方有种“吃亏”的感觉，因为其此时很可能付出了较之于其他买家更高的价格；而4∶1的合作剩余分配比例则会使其有种“捡便宜”的感觉，因为其以比其他买家相对更低的价格完成了交易。但无论是何种情形对于买方而言都是获利的，只不过是获利多少的问题而已。

因此对合作剩余分配的解读应从两方面展开：一方面合作剩余分配与帕累托改善一样，继续证实了格式条款的经济正当性。但另一方面合作剩余分配比例揭示了格式条款应受规制的经济动因，即因缺乏充分的磋商博弈而导致的过于悬殊的合作剩余分配比例结果。故粗略地从合作剩余分配层面无法洞察到给付结果的公平性，只有从更细致的合作剩余分配比例角度审视，才能确认格式条款关系下给付结果是不公平的，且此种不公平结果不断趋近于极限值：一方面不断追求合作剩余分配比例失衡导致的不公平结果是格式条款提供方不变的经济理性，另一方面合作剩余分配比例失衡导致的不公平结果存在一个极限值，一旦超过这一极限值则交易谈判失败，而这是格式条款提供方通常会避免的。将合作剩余分配比例失衡导致的不公平结果无限推向极限值而不超越该极限值，反映在格式条款法律关系层面即格式条款关系下的给付结果无限趋近于极度不公。正如有研究者所指出的：

“我们对格式合同的评价不能与没有订立合同时比较，而要与自由合同时相比，这是因为格式合同是从自由合同演化而来的。每个人对自身和社会制度的进步评价肯定是以相近的前一阶段为标准而不会与很遥远的前一阶段相比，也正是人的这一特性才使得社会进步。”①因此，虽然在上文通过解读格式条款关系下“帕累托最优”证明了格式条款存续的必要性，但那只是相对于未缔结合同而言。此处对“合作剩余分配比例”问题的探讨则表明，相对于自由磋商合同而言，格式条款有“受限必要性”。

③《民法总则》显示公平制度救场失败

值得一提的是，针对“公平性”问题我国民法上有专门应对方案——“显失公平”制度。《民法总则》第151条规定：“一方利用对方处于危困状态、缺乏判断能力等情形，致使民事法律行为成立时显失公平的，受损害方有权请求人民法院或者仲裁机构予以撤销。”然而，以此规定来审视格式条款关系下契约公平实质性畸变问题，则其无法顺利适用。因为在大多数格式条款使用场合，并不同时存在着“一方利用对方处于危困状态、缺乏判断能力等情形”，所以难以被认定为显失公平。

就上文论述的公平救场失败情形，亦有域外法可为参照。在德国1976年《一般交易条款法》出台以前，法院对一般交易条款的规制依据为《德国民法典》第138条第1款：“违反善良风俗的法律行为无效。”但值得玩味的是，其并未将规制依据扩张至该条第2款，即德国法上的“暴利行为”（其亦为我国法上显失公平制度的参酌对象）。由此可见，“德国民法通过两个不同的制度分别对合同进行公平性审查：一是通过不公平条款制度对格式条款进行公平性审查，二是通过

① 柯华庆. 格式合同的经济分析［J］. 比较法研究，2004（5）：32-33.

善良风俗等对非格式条款进行公平性审查”。[①]可见我国目前也延续了德国法这一做法，从而使得显失公平制度并不当然可适用于格式条款下契约公平实质性畸变问题。而这也似乎意味着，在应对格式条款下的契约公平风险时，我国早已确立的思路即是选择“格式条款专门性应对方案”，这一点与英美法之间存在明显区别。英美法的通行做法是“都试图通过显失公平制度审查整个合同的不公平性问题，无论是否是格式条款，只要被认定为显失公平，这些合同条款都将失去强制执行力或者被限制使用”。[②]

2.3.3 契约自由与契约公平崩坏总结与反思

在上文中，笔者就格式条款关系下契约自由形式化演变与契约公平实质性畸变现象进行了解读。在格式条款使用场合下，通常正是这两点触发了我们对格式条款的“不适感”。在以往学者的研究过程中，契约自由与契约公平常是格式条款最受诘难之处。故须承认，上文解读内容本质上仍是对现实经验的理论提炼，以及对以往学者研究认识的进一步深化。其中新意在于，借助“民事主体提炼性思维”与“以合意正当证成契约公平”构想的导入，初步还原了两种崩坏风险发生的逻辑进路，即在既有契约法制度下，两种崩坏风险演进进路。

然而值得注意的是，上述分析内容存在一个典型特征，即在检视格式条款弊端时，研究者置身于格式条款法律关系视角作解读。一方面在梳理契约自由形式化演变过程时，其本质上是在格式条款使用人借格式条款向相对人实施缔约意思强迫的互动关系中展开；另一方面在分析契约公平实质性畸变过程时，本质上是在当事人合作收益分配

① 范雪飞．论不公平条款制度——兼论我国显失公平制度之于格式条款［J］．法律科学，2014（6）：107-108.

② 范雪飞．论不公平条款制度——兼论我国显失公平制度之于格式条款［J］．法律科学，2014（6）：108.

的比例关系中进行。一旦离开了格式条款法律关系场景，所谓契约自由形式化演变与契约公平实质性畸变并不成立：无使用人缔约意思压迫，何来相对人缔约意思不自由？无合作收益分配比例关系，又何来相对人缔约结果不公平？

由此可见，无论是契约自由形式化演变，抑或是契约公平实质性畸变，都只是格式条款法律关系演进过程中的产物。而经上文分析已确认，促使这两种产物出现的主要原因如下：一者，使用人与相对人在“能力要素”及“物质要素”方面存在巨大差异，由此极大影响了“契约自由”的实现，然而对此“民事主体提炼性思维”无法予以救援，甚至于有放任之嫌。如此一来，契约自由形式化演变难以避免。再者，面对实践中所存在的契约自由形式化演变现实，传统契约法制度所秉持的“以合意正当证成契约公平”未能进行及时修正，由此已经形式化演变的契约自由反而为实质性的契约不公平提供了正当性外观。概言之，契约法制度传统（民事主体提炼性思维及“以合意正当证成契约公平”）与格式条款关系当事人客观条件（能力要素及物质要素）之间吻合失灵，是格式条款关系下契约自由形式化演变与契约公平实质性畸变发生的根本原因，进而也是我们在格式条款使用实践中产生“不适感”的幕后缘由。

分析至此不难发现，当我们在探讨格式条款之弊端，并借此来论证格式条款受限理由时，格式条款关系下契约自由形式化演变与契约公平实质性畸变最多只能算作“直接因素”，或者说“表面因素”。相比而言，格式条款关系当事人客观条件（能力要素与物质要素）才是“根本因素”，或者说“内核因素”。进一步而言，格式条款关系当事人各自客观条件对自身缔约行为的影响才是整个问题真正核心要点，而这又恰恰被以往学者的研究所忽视。概言之，考察以往学者研究素材不难发现，绝大多数时候，他们均“是从合同缔结程式方面进行探寻，而不是从合同当事人本身的特性方面展开讨论，例如他们的市场力量或理智能力”。[①]而在国外理论界，一种着眼于格式条款关系当事人自身行为的分析观点崭露头角。“根据这种观点，在一般交易条款被使用时，合同机制自身正当性保障被当事人之间存在于缔约时的结构性信息对比失衡及动机对比失衡所干扰”。[②]此种观点肇始于行为心理学，即在探讨格式条款弊端时，基于对格式条款当事人行为心理的观察，借此解读双方当事人各自缔约行为之逻辑，由此最终揭示出导致格式条款关系下契约自由与契约公平双双崩坏的法律外动因：其与既已存在的契约法制度并无关联，而径直与客观存在着的格式条款使用活动密切联系。具体而言，前述考察涉及两大方面，即“格式条款关系当事人动机对比失衡”与“格式条款关系当事人信息对比失衡”。前者指当事人双方使用格式条款的动机存在显著差异，后者指当事人双方收集的涉格式条款交易信息存在显著差异。

2.4 动机对比失衡与信息对比失衡探究

2.4.1 两种失衡发生原因解读

1）动机对比失衡原因解读

“对于一般交易条款使用人而言，通常都值得去拟定一个合同条款编目，为了维护自身利益该编目内的合同条款多与任意性规范相偏离。借由这一条款编目而获得的收益将超过因此而发生的成本。但在对方当事人角度下，这一情形则完全相反。当他尝试在合同的所有内

① MATTEO F. Freier markt und zwingendes Vertragsrecht：Zugleich ein Beitrag zum Recht der Allgemeinen Geschäftsbedingungen［M］. Berlin：Duncker&Humblot，2013：211.

② MATTEO F. Freier markt und zwingendes Vertragsrecht：Zugleich ein Beitrag zum Recht der Allgemeinen Geschäftsbedingungen［M］. Berlin：Duncker&Humblot，2013：211.

容点上都达成对其有利的条款时，这可能意味着一种不成比例的投入”。[①]通过描述可发现，在对待格式条款时，格式条款使用人与格式条款相对人存在着明显的“动机对比失衡”：首先对于格式条款使用人来说，其十分乐意花费时间与精力去草拟格式条款（乃至格式合同），可见其对于格式条款的创制存在强烈的动机；而对于格式条款相对人而言，通常并不愿意花费时间与精力去了解对方提供的格式条款，其主动认识格式条款内容的动机较为薄弱。造成此种动机对比差异的原因在于，在格式条款关系下，当事人双方各自面临的“成本—收益”结构完全不同。

就格式条款使用人而言，其“能够充分利用规模效应，他只需要一次性地草拟出一个合同条款编目，此后一系列交易都可以此合同条款编目为基础而进行，由此不再会发生额外投入。如此一来，早先编制合同条款编目而发生的成本即被分散于多数量的反复交易中。因此即使在各个具体合同场合下源自一般交易条款的收益是很小的，但是在总额上其对于使用人而言仍旧可能超出早先草拟合同条款编目时的成本”。[②]据此解释可知，一方面即使格式条款使用人在草拟格式条款时会付出一定的成本，但此后经过若干次反复使用，这一成本将会被不断“摊薄”，使用次数越多其在每次交易场合下的体量就越小。而另一方面，格式条款一旦被草拟出来，则无论使用多少次，其在每次交易中产生的收益并不会因为使用次数的增加而被“摊薄”。而当使用次数达到一个临界点时，使用格式条款所获得的总收益将会超出拟定格式条款所付出的成本。长期来看，于格式条款使用人而言必然是“成本＜收益”。这一论断尤其适用于“涉及特定合同风险分配的

---

① MATTEO F. Freier markt und zwingendes Vertragsrecht: Zugleich ein Beitrag zum Recht der Allgemeinen Geschäftsbedingungen [M]. Berlin: Duncker&Humblot, 2013: 211.

② MATTEO F. Freier markt und zwingendes Vertragsrecht: Zugleich ein Beitrag zum Recht der Allgemeinen Geschäftsbedingungen [M]. Berlin: Duncker&Humblot, 2013: 211.

条款，就单笔交易而言，风险实现的可能性如此之低，以至于负担风险的一方当事人可能没有动机去将风险转嫁至对方当事人。但如果类似的交易大量发生时，那么风险发生于任何一次交易中的可能性就会增加。在这一前提假设下，就值得将一种风险转移格式条款纳入合同之中了”。[1]

相比之下，格式条款相对人则完全面临着相反的“成本—收益”结构。对他而言，“其不会如一般交易条款使用人那样频繁地去参与存在风险的交易。在许多情形下，他在缔结合同时甚至都不确定其是否还会再次参与类似交易。在此种情况下，对他而言就不值得投入时间和精力去熟悉那些‘小号字体打印’的内容。相反，其在缔约时通常仅仅只会将精力集中于交易中的核心内容，尤其是价格与合同主给付之间的关系方面”。[2]由此可见，对于格式条款相对人而言，其反复参与同类交易的频率通常远低于格式条款使用人，因此于他而言在了解格式条款方面所投入的时间精力成本，将很难通过“规模效应”而“摊薄”。如此一来，其在了解格式条款方面所投入的成本越多，其“成本—收益”关系就越发向对其不利角度倾斜。而一旦到达一个临界点，了解该格式条款所付出的成本与基于此番认识而可收获的利益之间将演化为“成本＞收益”的结果。

2）信息对比失衡原因解读

与“动机对比失衡”原因一样，“信息对比失衡”也源自格式条款当事人各自所面临的“成本—收益”结构差异。

在市场经济下，源于信息分散分布特性及市场参与者认知局限特性，每一个市场参与者所掌握的交易信息都是有限的。但相比于

---

① MATTEO F. Freier markt und zwingendes Vertragsrecht: Zugleich ein Beitrag zum Recht der Allgemeinen Geschäftsbedingungen［M］. Berlin: Duncker&Humblot, 2013: 211.

② MATTEO F. Freier markt und zwingendes Vertragsrecht: Zugleich ein Beitrag zum Recht der Allgemeinen Geschäftsbedingungen［M］. Berlin: Duncker&Humblot, 2013: 211-212.

格式条款相对人，格式条款使用人通常掌握更为丰富的交易信息，这主要依赖于其反复多次的交易经历积累。除此之外，格式条款使用人获取交易信息的冲动也要远较格式条款相对人更强烈。根本原因在于其为获得交易信息的成本依旧可以借助格式条款反复使用而形成的规模效应予以“摊薄”，如此一来必然会积极主动获取各种交易信息，对交易信息的关注将不只局限于价格、主给付品质等交易核心内容，还会扩张至交付方式、争议解决方式、售后服务等非核心内容。相比之下，格式条款使用相对人即使愿意为认识格式条款去收集信息，但由此付出的成本也难以借助规模效应加以“摊薄”。如此一来，格式条款相对人主动获取交易信息的积极性将大打折扣，其对交易信息的关注将只集中于价格、主给付质量等交易核心内容。

最终格式条款使用人所掌握的交易信息将比格式条款接受方更为丰富全面，而且随着格式条款使用次数的增加，此种“信息对比失衡”状况只会越发突出。

2.4.2 两种失衡影响结果解读

1）格式条款使用人投机心理

源于上述“动机对比失衡”与“信息对比失衡”，格式条款使用人不仅具有强烈格式条款使用冲动，而且也有足够动力去收集相关信息以草拟出对自己单方有利的格式条款。在此背景下，格式条款使用人投机心理通常难以自制：迫使相对人接受对其不利的格式条款便成为其惯常交易心态。正如梅迪库斯所指出的：“即使是诚实的商人，也难以抵挡为了自己的利益而利用此间产生的判断余地的诱惑。”① 格式条款使用人的此种投机性追求能够实现，有如下原因：一是现实

① 梅迪库斯. 德国民法总论［M］. 邵建东，译. 北京：法律出版社，2013：295.

交易中使用人所占据的有利地位，二是格式条款使用泛行业化趋势。

首先在现实生活中，格式条款使用人往往占据优势交易地位。“从各国规范格式条款的历史进程可以看出，格式条款使用人处于垄断或事实上的垄断地位是早期判断格式条款无效的主要因素。在第二次世界大战（以下简称二战）以前，德国帝国法院判断一般交易条款的标准是善良风俗，而‘是否违反善良风俗的尺度则是条款使用人是否具有垄断性或者事实上的垄断性’。换言之，考量格式条款对责任的免除和对权利的排斥程度需要考察合同当事人双方的交涉能力。所谓考量双方当事人的交涉能力，一是要考量格式条款制定人或者使用人是否处于垄断地位或者市场支配地位；二是要区别对待商人之间的纯粹的商事合同和商人与消费者之间的消费合同，对于不同的情况作出区分处理。”[①]此种格式条款法律规制历史无疑表明，格式条款使用人占据优势交易地位是客观常态。虽然此后此种形势发生了转变，即在二战之后，“包括美国在内，各国对格式条款效力的规制标准，从垄断标准到法律效果标准的转变，旨在扩大规范免责条款的范围，从而使法学理论更加贴近法律实务”。[②]但只要我们对当前现实经济生活稍有关注即会发现，格式条款使用人占据优势交易地位依然是未曾改变的基本现实：“他能够更好地估测合同履行过程中的风险及意外，并且他也对相关法律规范更加熟悉。与此相反，顾客对被纳入合同中的条款的含义及效果范围的判断能力则更弱，进而由于其无经验而会不加反对地服从于合同条款。”[③]有鉴于此，在格式条款使用实践中，因使用人通常占据优势交易地位，这使得其客观上掌握着足够力量去实现投机性追求。

---

① 马一德．免责或限制责任格式条款的效力认定［J］．法学，2014（11）：150.

② 马一德．免责或限制责任格式条款的效力认定［J］．法学，2014（11）：151.

③ MATTEO F. Freier markt und zwingendes Vertragsrecht：Zugleich ein Beitrag zum Recht der Allgemeinen Geschäftsbedingungen［M］．Berlin：Duncker&Humblot，2013：205.

其次在格式条款使用实践中，还客观存在着一种“格式条款使用泛行业化趋势”。按照梅迪库斯德的解释，“不公平的一般交易条款也具有一种扩大使用的趋势。谁只要使用了不公平的一般交易条款，就可以降低成本，因此可以相对于其他对手获得一种优势。这样，这些竞争对手要么向其顾客说明白‘更好的条件需要更高的价格’的道理(这种做法一般很难成功)，要么必须去适应其竞争者的一般交易条款”。[①]事实上，这一法律现象背后所隐藏的正是经济学上“劣币驱逐良币”规律。面对那些提前使用不公平格式条款而获得交易优势的企业（往往为垄断企业），其他仍旧坚守使用公平格式条款的竞争者将不得不面临如下选择：或者继续使用公平格式条款，但因此将削弱自身竞争实力；或者为了保持竞争实力，不得不与提前使用不公平格式条款的竞争者“同流合污”从而也使用不公平格式条款。事实上，梅氏的看法尚相对保守，其仅限定于“不公平一般交易条款”。对此即使做一定扩大——即扩大到一般交易条款/格式条款——此种“泛行业化现象”也同样存在。归根到底，格式条款的使用对于使用人而言常常有利无害，由此对于这一群体而言天生即有予以追捧的基因。一旦某种格式条款率先在某些使用人那里被采用，则其他竞争者必然会对其加以效仿，由此最终形成一种行业内通用条款。而此种泛行业化现象将最终导致如下结果的产生，即“即使企业主不是垄断者，也没有必要对其提出的合同的内容进行谈判，因为与他竞争的企业主使用的是与之非常相似的交易条件”。[②]这一表述的实际含义是当格式条款已然泛行业化后，此时垄断该行业的并不是某个企业，而是该格式条款本身，或者说是格式条款使用人整体。在此背景下，一方面任何一个格式条款使用人都无需具备强势经济地位即可向相对人提出格

① 梅迪库斯．德国民法总论［M］．邵建东，译．北京：法律出版社，2013：296.
② 克茨．欧洲合同法［M］．周忠海，李居迁，宫立云，译．北京：法律出版社，2001：200.

式条款（相对人此时在该行业内已经很难找到非格式条款），另一方面那些未使用格式条款的企业将逐渐被排挤出该行业，因其比之于那些已经采用格式条款的竞争者而言竞争实力被削弱，为了避免被淘汰也必然会选择使用格式条款，即使其根本就不占据任何经济强势地位。如此一来，在格式条款使用泛行业化趋势下，相对人往往难以寻找到进行个别磋商的机会。反之，对于使用人而言，这也为其实现自身投机性追求提供了“大环境”。

总而言之，受动机对比失衡与信息对比失衡驱动，使用人通常都会产生投机心理，现实中其所占据的优势交易地位，以及格式条款使用泛行业化趋势，则进一步为此种心理的实现提供了客观条件。

2）格式条款相对人盲从心理

源于上述“动机对比失衡”与“信息对比失衡”，格式条款相对人对格式条款存在着一种盲从心理，即格式条款相对人不愿意（动机不足）也难以（信息不足）认识格式条款的内容，由此通常对其只能被动接受。

“一般交易条款相对人对一般交易条款的‘盲目’接受在法经济学文献中通常被归纳为‘理性愚昧’（rational ignoranz）。据此可认为，顾客依据成本收益分析尺度而进行权衡的行为是理智的：为了达成更优条件而付出的交易成本要远远高于源自不利条款所带来的负担……当顾客面对陌生的一般交易条款时，他不会草率应对或根本漠不关心。但正好由于他的行为符合经济理性，所以他可能会接受不适当的合同内容。”[①]由此可见，一方面格式条款接受方面对陌生格式条款，源自风险警惕本能必然会予以关注；另一方面源自交易成本考量本能又往往不会过多关注。这一行为心理描述基本符合大多数交

① MATTEO F. Freier markt und zwingendes Vertragsrecht: Zugleich ein Beitrag zum Recht der Allgemeinen Geschäftsbedingungen [M]. Berlin: Duncker&Humblot, 2013: 212.

易场合下格式条款相对人情形，而当其为消费者时更是如此。

此外，“认知科学认为人的信息处理能力是有限的，当面临复杂决策时人们通常会对信息进行简化处理以降低决策压力”。[①]也就是说面对复杂交易条款时，人们往往会产生“认知惰性”，并不愿意去花费太多时间与精力处理与之相关的信息。相比而言，其对那些直接的、清晰的、眼前的信息的关注程度要高于那些间接的、模糊的、长远的信息。而且上述“简化处理”也“并非毫无规律可循，乐观偏见、易得性直观推断、短视心态等认知心理的影响导致人们往往对涉及远期不确定性风险的条款‘视而不见’……该现象的根源在于普通人（消费者）不具备对遥远风险的良好判断能力，即便信息充分时亦如此”。[②]由此来看，格式条款相对人不仅面临着上述“信息对比失衡”问题，而且在进行信息处理时，也会受到自身“认知惰性”的束缚。对于那些以小字体、冗长、专业、枯燥的语言写就的格式条款，其通常会望而却步，以至于盲目接受。

3）格式附从条款削弱效应

基于上述分析可知，受“动机对比失衡”与“信息对比失衡”影响，格式条款相对人通常不愿意也难以详细了解格式条款内容，由此常常形成“格式条款盲从心理”。但这样一种心理并不必然引发对格式条款相对人不利的后果——如果格式条款使用人足够诚信而不在格式条款中添加不公平内容的话，但现实经验常常表明这一期望实在过于理想。在大多数情况下，这些格式条款均包含对格式条款接受方不利的内容。此时值得思考的是，这样一种不利内容究竟是通过怎样的机制来对格式条款相对人造成不利影响的？

事实上，如果进行较为深入的思考便会发现，并非任何格式条款

① 马辉. 格式条款规制标准研究［J］. 华东政法大学学报，2016（2）：84.
② 马辉. 格式条款规制标准研究［J］. 华东政法大学学报，2016（2）：84.

内容都会被格式条款相对人“主动忽视”，至少那些为其格外关心的核心给付条款不会。“核心给付条款”是指包含当事人主要交易目的的条款，最常见的如“价格条款”与“主给付条款”。由于关乎自己主要交易目的能否实现，因此即使是格式条款相对人也必然对其倍加关注。就算这些条款是以格式条款形式呈现，但上述“动机对比失衡”与“信息对比失衡”在此并不存在。就算格式条款相对人最终并未对这些条款提出异议而完整接受，但在此之前其事实上已经在内心进行了充分“斟酌考量”，故接受不是对格式条款的盲从，而是一种自愿的接纳，与意思自治要求相吻合。但在现实市场交易活动中，格式条款使用人对格式条款的运用绝不止于“核心给付条款”，而更多运用于附从条款。“附从条款”是指核心给付条款之外的合同条款，这些条款并不包含当事人参加交易的主要目的，例如交付方式条款、争议解决条款、售后服务条款等。毫无疑问，当这些条款被拟定为格式条款时，因其并非格式条款相对人参加交易所主要追求的对象，故上述“动机对比失衡”与“信息对比失衡”在此将大有作为。

当认识到核心给付条款与附从条款的区别，以及格式条款在这两种条款场合下的应用效果后，则不难推导出如下结论：在作为附从条款的格式条款中包含对格式条款相对人的不利内容时，因“动机对比失衡”和“信息对比失衡”将使得格式条款相对人常常对其予以盲从，如此一来这些格式附从条款中所包含的不利内容将从整体上削弱格式条款相对人在核心给付条款中所获得的利益，此即“格式附从条款削弱效应”。在这种效应下，格式条款相对人虽然在核心给付条款上实现了意思自治，但是基于该意思自治所能获得的利益却已经被间接消损。由此来看，这一结果实质上意味着格式条款相对人所追求的主要交易目的并未如其所愿那样完全实现。

4）市场机制层面的逆向选择

“在法学研究文献中，一般交易条款应用场合下市场失灵的超个人维度在传统上并未获得足够关注。”[①]市场失灵的超个人维度也可称“逆向选择”，接下来以经济学上经典的“柠檬市场案例”作为分析素材。

George Akerlof在他的著名论文《柠檬市场：质量不确定性和市场机制》中，以二手车市场为案例就结构性信息不对称对市场竞争的影响做了描述：当顾客在交易的前期阶段对被买卖的汽车的质量不了解时，他们可能会购买质量更低劣的汽车，因为这些汽车的价格更低廉。如此一来，产品质量良好的销售商将面临产品滞销的困境。其要么被迫降价，要么离开市场。最终当顾客了解到市场中质量良好的汽车供应减少时，他们将会相应地调低其支付意愿，由此导致的价格跌落将进一步使得产品质量良好的销售商的状况变得恶化，而这正是一个消极选择的过程。在此过程中，提供质量良好的汽车的销售商最终被迫离开市场，此后市场中将只有质量低劣的汽车被交易。信息障碍不仅仅阻碍汽车质量要素被纳入积极的条件竞争中，甚至会导致一种完全颠倒的结果，即质量更次产品的供应将成为一种竞争优势。也就是说，此时销售者展开竞争的不是产品质优这一交易条件，反而是产品质次。结果就是积极的条件竞争不复存在，随之而来的是消极的条件竞争。条件竞争指的是竞争者围绕各种交易变量（诸如价格、质量、售后保障）等展开的竞争。积极的条件竞争指的是契合良好市场秩序需求的条件竞争，而消极的条件竞争指的是与良好市场秩序需求相背离的条件竞争。

“在一般交易条款场合下，也会出现同样类型的市场失灵问题。

---

① MATTEO F. Freier markt und zwingendes Vertragsrecht: Zugleich ein Beitrag zum Recht der Allgemeinen Geschäftsbedingungen［M］. Berlin: Duncker&Humblot, 2013: 214.

由于顾客在缔约时对一般交易条款的内容不加关注，因此条款使用人没有动机去使用对顾客友好的标准条款。甚至于：对他而言，值得去拟定对顾客不友好的一般交易条款，即那些损害顾客的条款，例如但书条款或者单方性给付变更保留条款，在通常情况下会降低条款使用人的生产成本或者说销售成本。较之于那些使用对顾客友好的一般交易条款的竞争者，他们能够提供更低价格。因此，竞争压力将迫使供应者去拟定对顾客越来越不利的标准条款。由此在市场中将产生一种消极的条件竞争，在此滥用性条款最终得以通行无阻。”①

另外，与“信息对比失衡”一样，上面提到的“动机对比失衡”也会干扰竞争进程。格式条款相对人的“动机局限”会导致他无异议地服从于对方当事人的格式条款，即使他对此条款中的不利内容已有了解。当顾客并不通过转向于其他提供更有利条款的竞争者来躲避该格式条款时，竞争将无法发挥它的规制功效，那些提供较好格式条款的竞争者将失去竞争优势，最终被排挤出市场。如此一来，对不利格式条款的追求将盛行于行业内，由此亦助推“逆向选择”效应的形成。

柠檬市场模型表明，较之于具体合同关系场合，此时“信息对比失衡”和“动机对比失衡”的影响更为广泛。此时格式条款不只会加重格式条款相对人负担，而且那些使用较好格式条款的使用人也会因为消极选择而被迫离开市场。包含对顾客友好的格式条款的合同将无法实现，尽管其更加符合“交易共赢”意旨。最终来看，整个市场机制的运行将逐渐步入低质量、恶性竞争境地。

5）私法主体身份二重分化趋势扩张

上文经分析已确认，在格式条款关系下，使用人与相对人之间通

① MATTEO F. Freier markt und zwingendes Vertragsrecht：Zugleich ein Beitrag zum Recht der Allgemeinen Geschäftsbedingungen［M］. Berlin：Duncker&Humblot，2013：214.

常存在动机对比失衡与信息对比失衡。由此在格式条款缔约博弈过程中，双方各自所占对抗地位并不同：使用人通常占据优势地位，相对人通常占据弱势地位。当下，随着格式条款使用泛行业化趋势明显，此种地位构造已不再偶然性出现于个别格式条款关系中，而是广泛分布于成千上万格式条款缔约场合。如此一来，使用人优势地位与相对人弱势地位便演变为一种普遍性的社会格局。在此种格局下，本质上仍作为私法主体的格式条款相对人，其法律身份内部逐渐发生深刻分化，即由以意思自治为单一灵魂的传统私法主体演化为同时包括意思自治与弱者保护双灵魂的现代私法主体。在以往某些学者论述中，此种现象被称为“私法主体身份二重分化趋势”。

“私法主体身份二重分化”指“民法中的主体原型由‘一元’变为‘二元’，即从一个‘自我决定、意思自治的个人’为单一主体模式，发展到保留形式上平等的个人自治的‘个人’与时刻处在需要法律提供外在保护的‘弱者’并存的主体模式”。[①]私法主体二重分化的过程亦是民法主体“平等性”与“互换性”逐步丧失的过程，在此过程中因经营者与消费者、雇主方与劳动者之间的分化隔离及固化，消费者与劳动者的磋商地位日益衰弱，由此而来的是“意思自治”理念形式化，即“契约自由”形式化演变。“民法的功能从彰显个人‘自治’向直接外在‘他治’转化。在民法中，保护弱者已经享有与‘意思自治’同样的地位。”[②]毫无疑问，私法主体身份二重分化趋势并非出现在格式条款之后。事实上，当消费者与劳动者群体出现之时，此种趋势即伴随产生，这是在格式条款兴起之前。

毋庸置疑，格式条款的兴起为此种趋势在当今迅猛发展提供了新的推力。这导致在契约法领域，私法主体身份二重分化趋势已成为不

---

① 朱岩．格式条款的基本特征［J］．法学杂志，2005（6）：129.
② 朱岩．格式条款的基本特征［J］．法学杂志，2005（6）：129.

可阻挡的时代潮流。如此一来，于现代契约法而言，妥善维持“契约自由”与“弱者保护”两种理念关系的制衡是其无法回避的挑战。近几十年来，全世界范围内不断迭起的消费者保护运动乃是此种挑战的现实写照。在发展过程中，格式条款已逐步成为消费者保护运动主要的抨击对象之一。“一方面，条款控制应作为防止滥用合同自由危险的机制，适用于消费者合同、商事合同以及一般民事合同中使用格式条款的情形；另一方面作为消费者保护的机制，在消费者合同场合下，只要消费者无法对其内容施加影响，条款使用人为单次使用而拟定的合同条款也应当被纳入司法审查的范围。”①“德国于1976年制定《一般交易条款法》有两个目的：第一，希望契约自由这一民法上的基本理念能够在一般交易条款的使用中得以实现……第二，侧重于保护消费者利益。”②

虽然消费者合同场域并非格式条款使用唯一场域，但在当下其确实是主要场域。相对而言，消费者合同领域下的格式条款争议占到了全部争议的多数，这并非只是某个国家或地区内的现象，而是属于一种全球性现象。考诸域外法不难发现，消费者权益保护法是眼下格式条款法律规制制度的典型寄身之地，例如英国2015年《消费者权益法案》、欧盟1993年《关于消费者合同中不公平条款的指令》、澳大利亚2011年《消费者权益法案》（以下简称“澳大利亚2011年消法”）等。在这些国家和地区，格式条款规制的主要任务落脚于消费者合同关系场域。由此来看，对格式条款加以管控的需求在相当大程度上与消费者权益保护浪潮高涨共生。虽然助推消费者权益保护浪潮高涨的原因多种多样，例如法律社会化趋势日益显著、消费者权益组织等社会组织力量日益强大、信息化时代来临使得消费者个体结合空

① 王剑一．合同条款控制的正当性基础与适用范围——欧洲与德国的模式及其借鉴意义［J］．比较法研究，2014（1）：180-181．

② 苏号朋．格式合同条款研究［M］．北京：中国人民大学出版社，2004：114．

前便利等，但根本原因仍在于商品经济发展及社会分工强化而导致的私法主体身份二重分化。在格式条款时代，格式条款成为助推此种潮流的新力量。

综上所述，格式条款使用泛社会化趋势推动了格式条款时代的到来，而格式条款关系下当事人动机对比失衡与信息对比失衡又助推了私法主体身份二重分化趋势的扩张。在此趋势下，于格式条款相对人而言，弱者保护逐渐占据与意思自治同样重要的地位。尤其是在消费者保护时代背景下，这一现象愈演愈烈。最终来看，私法主体身份二重分化趋势扩张反向助推了格式条款受限需求的高涨。

2.4.3 格式条款受限论证总结

上文笔者通过解读格式条款关系下契约自由与契约公平崩坏现实，由此确认了论证格式条款受限时的直接因素。彼时解读重点不在于重新展现两种崩坏现象，而在于还原二者发生的实际过程。本节将进一步站在行为心理学分析视角，通过分析格式条款关系当事人之间存在的动机对比失衡与信息对比失衡，依次揭示出“格式条款使用人投机心理”“格式条款相对人盲从心理”“格式附从条款削弱效应”“市场机制层面的逆向选择”“私法主体身份二重分化趋势扩张”五种影响结果，进而逐步触及格式条款受限源头因素，就此可概述如下：受格式条款使用人投机心理与相对人盲从心理推动，缔约过程及缔约结果失灵风险急剧增加，即上文所述契约自由形式化演变与契约公平实质性畸变发生概率剧烈增长。另外，格式附从条款削弱效应在微观合同关系场域下产生影响，呈现了前述风险在具体合同关系下的传导过程；市场机制层面逆向选择则在宏观市场层面产生影响，反映了前述风险在整体市场环境下的传播进路。最后私法主体身份二重分化趋势的扩张反映了前述风险对传统民事制度的冲击，且使得弱者保护逐渐获得与意思自治同样重要的地位，这也对传统私法制度提出了更新需求。

综上所述，作为一种表面现象，格式条款关系下契约自由与契约公平双重崩坏提供了最为直观的格式条款受限依据。格式条款双方当事人各自行为心理则是隐藏在此表面现象背后的根源因素。与此同时，传统契约法制度所秉持的“民事主体提炼性思维”及“以合意正当证成合同公平构想”则在格式条款时代为虚假自由与虚假公平提供了合法外观。受格式条款推动的私法主体身份二重分化趋势，在当下向传统私法制度提出了更为现实的调整要求。对格式条款受限依据的认识要由表及里，综合把握。遗憾的是，以往学者在提出限制格式条款使用的依据时，绝大多数研究只停留在契约自由与契约公平双重崩坏表面现象上，对当事人行为心理因素以及传统契约法所秉持的“民事主体提炼性思维”与“以合意正当证成合同公平构想”鲜有涉猎。至于格式条款时代下私法主体身份二重分化趋势之扩张，更难窥见。如此一来，以往学者研究始终处于知其然而不知其所以然的状态。

3

格式条款形式规制分析

3.1 形式规制优先介入资格证成

3.1.1 形式规制与内容控制关系分析

如何从法律层面规制格式条款？当前主流方案有两种：形式规制与内容控制。

所谓形式规制，是针对格式条款订入合同的过程所作规制。至于内容控制，则针对已订入合同中且确定之格式条款的内容公平性所作规制。区分形式规制与内容控制的关键标准在于，是否对格式条款实施法律效力方面评价。形式规制不涉及格式条款法律效力评断，其或者关注格式条款纳入争议，或者关注格式条款解释分歧，而内容控制则直指格式条款效力评价。换言之，形式规制关注的焦点其实是格式条款订入合同的过程：是否被订入合同中，以及究竟以何种语义被订入合同中。相比而言，内容控制则是对“已经以确定含义订入合同中的格式条款的内容公平”所作考评。故有些学者也将形式规制称为“程序性规制”，而将内容控制称为“实质性规制”。考虑到“程序”一词在法学上往往与诉讼制度有关，故笔者仍使用“形式规制”称谓。

格式条款形式规制与内容控制虽存在本质区别，但二者亦有不可割舍的联系：形式规制是底层阀门，内容控制为顶层标尺。从逻辑上讲，只有当格式条款语义明确且已被订入合同后，才有可能动用内容控制标尺来进行最终、最严格的法律规制。就一个根本未订入合同中的格式条款，或者虽已订入但语义不确定的格式条款，并无实施内容控制的余地。由此可见，形式规制当属内容控制之前提。与此同时，内容控制是对形式规制的补充。内容控制的导入，根源于形式规制只能应对契约自由崩坏风险，而无法应对契约公平崩坏危机。由此在形式规制之后，还需要内容控制加以补位。[①]

总而言之，形式规制与内容控制相搭配，是当下最主流的格式条款法律规制思路。因着眼点不同，导致二者运转层面存在差别，前者在缔约程序层面运转，后者在合同内容层面运转。同时，因目标一致，使得二者又彼此协同，前者为后者之前提，后者为前者之补充，各司其职而通力合作。

3.1.2 形式规制优先介入资格释明

上文经分析已确认，形式规制是内容控制的前提，由此决定在对格式条款实施法律规制时，形式规制应前置于内容控制而启动，此即形式规制优先介入资格。毫无疑问，对形式规制优先介入资格的认定与认识，应置身于上文所述形式规制与内容控制关系中把握。与此同时，确认形式规制优先介入资格还有更重要的法律精神考量，即尽可能强化格式条款法律规制机制的谦抑性，减少对格式条款使用场域下契约自治的干预。

虽然对格式条款实施法律规制已是不可扭转的潮流，但作为一种他治机制，法律规制毕竟属于契约法中的特殊情形。在奉意思自治为圭臬的契约法领域，给与当事人自治自由是契约法的传统。有鉴于此，当试图在契约法领域导入法律规制时，即使掌握正当依据，也仍然应恪守如下准则：法律规制的导入只是对意思自治的补充，是在意思自治机制难以正常运转时的修正手段，由此法律规制不能取代意思自治，甚至法律规制在介入时应尽可能减少对意思自治的“妨碍”。

相比而言，形式规制对意思自治的影响要显著弱于内容控制。形

① 就内容控制对形式规制的补位论证，本书第4章第2节将深入讨论。

式规制虽对格式条款订入合同过程加以干预，但着重于矫正当事人之间磋商不自由的状态。概言之，为相对人提供必要磋商参与机会乃是形式规制追求的目标。如此一来，形式规制本质上仍旧是为了促成意思自治，其是在为当事人意思自治进行铺路。而内容控制不同，其直接对已完成意思表示程序的格式条款的内容进行效力评断，由此属于对当事人意思自治结果的事后考评。而一旦作出负面评价，通常将直接否定格式条款效力，由此完全否定当事人已完成的意思表示活动。由此可见，形式规制与契约法自治传统更为亲近，而内容控制显然更为隔阂。而“合同自由以程序正义实现实质公平的特质表明，若信息规制能够确保意思自治在更大范围内得以实现，则可以减少内容控制的介入频率和范围，使之仅对信息规制失灵起‘补缺’作用”。[①]概言之，认可形式规制优先介入资格，不仅是对形式规制与内容控制关系的服从，也是在引入法律规制时，对契约法自治传统的尊重。

综上所述，形式规制与内容控制共同组成当下格式条款法律规制主流方案，且在实际运行时，形式规制具有优先资格。一旦明确这一点，则格式条款法律规制研究“方法论”部分应始于形式规制而终于内容控制。同时，在形式规制内部，纳入规制应位于解释规制之前，盖因解释规制针对的是已纳入合同中但存在语义分歧的格式条款，若某格式条款根本未纳入合同，则也不存在实施解释规制的可能。

3.2 格式条款纳入规制探究之域外法考察

所谓纳入规制，即从格式条款合意达成过程方面探索法律规制方案。目前，纳入规制在世界范围内已获广泛认可，通过梳理域外法典型范例，既可从实践角度切入进行规制研究，亦可为后续我国法构思

① 马辉．格式条款信息规制论［J］．法学家，2014（4）：112．

积累参考素材。

3.2.1 德国BGB中的纳入机制考评

在德国BGB中，一般交易条款纳入规制机制由三部分组成，一是以德国BGB第305条第2款为核心，包括该法第305a条、第310条第1款第1句、第310条第4款第2句的“使用人明示提示义务规则”；二是以德国BGB第305c条第1款为依据的“意外性条款排除规则”；三是以德国BGB第305b条为依据的“个别约定优先规则”。这三种规则所规范情形虽有差异，但均在于保障一般交易条款相对人意思表示自由，三者所定法律后果亦一致（均为一般交易条款“不成为合同组成部分”）。

1）使用人明示提示义务规则

①使用人明示提示义务规则正向规定

根据德国BGB第305条第2款的规定：“仅在使用人于合同订立时有下列情形，且合同当事人另一方赞同适用一般交易条款时，一般交易条款才成为合同的组成部分：1.向合同当事人另一方明示地提示一般交易条款，或者因合同订立的种类，唯克服过巨困难始可能明示提示时，以在合同订立地明显可见的招贴提示一般交易条款的；2.使合同当事人另一方有可合理地期待的方式知悉一般交易条款的内容，而该方式也适当考虑了使用人可看出的合同当事人另一方身体上有残疾的。”[①]经由该款规定，德国BGB确立了一般交易条款使用人明示提示义务，就此可分解为如下三个要点：首先一般交易条款使用人负有明示提示义务，其次该种义务的履行以一般交易条款相对人可合理知悉条款内容为合格标准，最后未妥善履行该明示提示义务时则一般交易条款不得成为合同组成部分。由此可知，该款规定借助“义务内

① 佚名. 德国民法典［M］. 陈卫佐，译. 北京：法律出版社，2006：100.

容”、“义务履行合格标准”及“义务未履行法律后果”三方面要素，拟制出德国一般交易条款使用人明示提示义务规则。就这一规则内容细节，简要解读如下。

首先依据该款规定，一般交易条款使用人须向对方当事人“明示提示”条款内容，如果这么做困难过于巨大，则须在合同订立地明示招贴一般交易条款。就此而言，提示是一般交易条款使用人应当主动作出的行为，而且所有一般交易条款均应被提示，这有别于我国原《合同法》第39条第1款将“提请注意”限定于“免除或限制其责任的条款”的做法。此外提示须明示地进行，因此提示“既不得以可推断之意思表示为之，也不得通过补充性解释得出。特别是在另一方当事人能够知道使用人使用一般交易条件的意图的情况下，指示还不能成立”。[①]再次提示须在合同订立时为之，合同已经成立后的提示不构成此处所要求的明示提示。最后考虑到一般交易条款使用人在某些场合下向对方当事人明示提示存在巨大困难，例如超市行李寄存、停车场停车、自动售货机等情形，则允许使用人通过在合同缔结地进行明示招贴一般交易条款的方式来变通履行明示提示义务。

另外，一般交易条款使用人履行明示提示义务，须采用能保证对方当事人合理知悉条款内容的方式，且该种方式应考虑到对方当事人存在的身体残疾状况。按此要求，“使用人不仅应向对方当事人提供一般交易条件的文本，而且对方当事人在作出了可合理期待的努力后必须能够理解（不仅仅是感知）一般交易条件的内容”。[②]就这一义务履行标准而言，一般交易条款使用人的提示须保证对方当事人掌握正常理解条款内容的可能性。此种可能性包含两个“认识步骤”：一者经使用人提示，相对人具有知晓该条款内容的可能性；再者经使用

---

① 梅迪库斯．德国民法总论［M］．邵建东，译．北京：法律出版社，2013：306.
② 梅迪库斯．德国民法总论［M］．邵建东，译．北京：法律出版社，2013：307.

人提示，相对人具有理解该条款内容的可能性。有鉴于此，对于某些一般交易条款虽被明示提示，但其内容的理解难度已经显然超出相对人理智水准的，则依旧不能满足此处所述明示提示义务履行合格标准。概言之，德国BGB第305条第2款所述一般交易条款使用人明示提示义务履行合格标准由两个要素构成，即“知晓可能性+理解可能性”。当然就具体场合下明示提示义务履行合格标准，理应按照彼时交易双方的认知能力情形、是否存在连续交易、合同类型等具体情况加以确定。尤其根据该款规定要求，一般交易条款相对人所存在的身体残疾状况也应被使用人在进行明示提示时加以考量（以知晓该残疾情况为前提）。

若一般交易条款使用人未能按要求履行明示提示义务，则相关一般交易条款不得成为合同组成部分。

综上所述，德国BGB第305条第2款确立了一般交易条款使用人明示提示义务规则。这一规则由三个要素构成，即“使用人明示提示义务”、“明示提示义务履行合格标准”及“未合格履行明示提示义务时的法律后果”。值得注意的一点是，按照此处第305条第2款的规定，一般交易条款要被纳入合同中还须相对人同意。但是当我们探讨一般交易条款纳入规制规则时，相对人同意实质上并无独立意义。换言之，相对人同意固然会影响到一般交易条款纳入合同的进程，但与对一般交易条款规制这一主题并无直接联系。有鉴于此，此处在探讨一般交易条款使用人明示提示义务规则时，相对人同意并未被列为斟酌要素，况且其本身也并不具有任何“规制蕴意”。

②使用人明示提示义务规则反向规定

德国不仅通过上述BGB第305条第2款从正向维度确立了一般交易条款使用人明示提示义务规则，并且还借助其他规范从反向维度规定了这一义务规则的适用除外情形，由此得以构建起完善而灵活的一殷交易条款使用人明示提示义务规则。

首先，按照德国BGB第305a条的规定："合同当事人另一方赞同适用下列一般交易条款的，即使没有遵守第305条第2款第1项和第2项所称要件：1.经主管交通机关批准，或根据国际条约发布的铁路运价表和实施细则，以及依照《旅客运送法》的规定获得批准的有轨电车、无轨电车和定期交通中的机动车的运送条款，也被纳入运送合同。2.在电信和邮政监督机关的公报上公布，且在使用人的营业场所准备好的一般交易条款：a）也被纳入在营业场所以外通过将邮件投入信筒而订立的运送合同；b）也被纳入关于电信服务的合同、关于信息服务的合同和其他关于直接通过使用远程通信手段并且在提供电信服务期间一次性地提供的服务的合同，但以唯克服过巨困难始能在合同订立前使一般交易条款为合同当事人另一方所了解为限。"①作出这一规定的首要理由在于，在上述运输行业、电信行业及邮政行业中，使用一般交易条款已经成为社会通识，即对于一般社会公众而言，其均知道这些行业中的企业通常都使用一般交易条款缔约。"因此任何人都必须考虑到它们会使用一般交易条件，而且对于它们的合同要约依照交易习惯总应作这样的解释，即合同只在适用一般交易条件的前提下才能缔结。如果顾客没有这样去考虑，那么应把他对合同要约的同意解释为要约是包括一般交易条件的。但是，他却可以以内容错误为由予以撤销。"②由此可知，在运输、电信及邮政行业，相关企业使用一般交易条款已成为行业惯例，即如此对于顾客而言，其通常在缔约之前就已知晓对方会使用一般交易条款缔约，因此作为理性经济人对自我利益负责考虑，其理所当然地会主动关注相关缔约内容。由此一旦缔约，则可推断认定其已经知悉了相关一般交易条款的

---

① 佚名．德国民法典［M］．陈卫佐，译．北京：法律出版社，2006：100.

② 拉伦茨．德国民法通论［M］．邓晓晔，邵建东，程建英，等译．北京：法律出版社，2013：772.

内容。如此一来，德国BGB第305条第2款所确立的一般交易条款使用人明示提示义务在此即无适用必要。另外，作出如此规定的理由还在于，这些行业通常处于较为全面的政府监管之下。其所使用的一般交易条款通常会预先受到政府主管部门审查，甚至某些条款直接由相关主管部门草拟确定。如此，即使相关企业使用一般交易条款缔约且未向对方明示提示，则也并不会发生滥用风险，故德国BGB第305条第2款所确立的使用人明示提示义务在此亦无存在必要。

其次，根据BGB第310条第1款第1句的规定："第305条第2款和第3款以及第308条和第309条，不适用于对经营者、公法上的法人或公法上的特有财产体使用的一般交易条款。"[①]经由这一规定可知，若一般交易条款相对人是"经营者"、"公法上的法人"及"公法上的特有财产体"时，则一般交易条款的纳入不受德国BGB第305条第2款所述义务约束。"在这些情况下，合同中规定采用一般交易条件仍然受意思表示和缔结合同的一般规则的支配。"[②]就其理由不难推知，这些一般交易条款相对人通常具有较强的"缔约智识能力"及较丰富的"交易经验积累"，因此本来旨在对弱势的一般交易条款相对人提供倾斜保护的使用人明示提示义务在此并无适用必要。值得一提的是，此处德国BGB第310条第1款第1句是由原德国1976年《一般交易条款法》第24条演化而来："本法第2、10、11以及12条之规定于下列之一般交易条款不适用之：1.该一般交易条款是对于商人使用，而且该契约属于该商人营业项目范围内；或2.一般交易条款被用于依公法而设立的法人或公法上特有财产体。本法第9条之规定对于本条第1项之案件亦有适用，但以该一般交易条款依本法第10条、第11条规定之结果为无效者为限，于此商事习惯以及交易惯例应予适

① 佚名. 德国民法典［M］. 陈卫佐，译. 北京：法律出版社，2006：107.
② 拉伦茨. 德国民法通论［M］. 邓晓晔，邵建东，程建英，等译. 北京：法律出版社，2013：774.

当斟酌。”[①]对比德国BGB第310条第1款与德国1976年法第24条可知，后者在其第1款中虽规定对营业者使用的一般交易条款不受该法第2条（即现今德国BGB第305条第2款）所述使用人明示提示义务约束，但这一除外规定被限定适用于“该契约属于该商人营业项目范围内”的情形。相比之下，当前德国BGB第310条第1款第1句则抛弃了此种限制，依其规定只要一般交易条款是对经营者使用，则一律不受该法第305条第2款所述使用人明示提示义务约束，无论此时一般交易条款的使用是否处于该相对人（经营者）营业项目范围内。比较而言，德国BGB第305条第2款第1句规定较之德国1976年《一般交易条款法》第24条更为“科学”。理由在于，使用人明示提示义务本意在于对磋商能力薄弱的一般交易条款相对人提供倾斜保护，以此避免因缔约自由形式化演变引发一般交易条款滥用风险。由此可知，是否适用使用人明示提示义务，决策标准仅在于一般交易条款相对人是否存在磋商能力薄弱情形，而与此时的缔约活动是否属于其“营业项目范围”无必然联系。当然，在此也不排除这样一种考虑，即任何市场经济主体在通常情况下总是对其业务范畴内的交易活动更为“娴熟”，比较而言，在其业务范畴内应对一般交易条款要比在此范畴外应对一般交易条款更为轻松。换言之，在后一种场合下作为一般交易条款相对人，其所掌握的磋商力量或许更为薄弱。但立足于纳入规制规则所着眼的“认知可能性”与“理解可能性”方面思考，则不难发现对于经营者相对人而言，即使是面对营业项目范畴外的一般交易条款，固有的经济参与能力也足以保障其能够迅速认识并理解该一般交易条款，这一点通过对比非经营者相对人（典型如消费者）即一目了然。换言之，较之于非经营者相对人，经营者相对人本身具备较强的交易应变能力、交易学习能力、交易发展能力，其作为专门从事交易

① 刘宗荣．定型化契约论文专辑［M］．台北：三民书局，1998：180.

活动的市场主体，即使是面对自身营业项目范畴外的一般交易条款，上述能力也足以使其迅速“随机应变”。既然其选择参与到该项交易中，则作为专门从事交易活动的市场主体，很难想象其不会预先进行充分的交易准备工作（如果该项交易比较复杂），而这些准备工作也必然包含对该交易活动相关讯息的了解。因此，即使是在自身营业项目范畴外，经营者相对人在应对一般交易条款时往往并不面临着“认知可能性”与“理解可能性”方面的困境，由此也没有必要将“属于自身营业项目范畴”作为一般交易条款使用人明示提示义务适用除外的先决条件。

德国BGB第310条第4款规定：“本章的规定，不适用于继承法、亲属法和公司法领域的合同，以及团体协约、企业协议和劳务协议。适用于劳动合同时，必须适当考虑劳动法上适用的特别规定；第305条第2款和第3款不予适用。”[①]据此规定可知，若一般交易条款处于劳动合同中时，亦不受德国BGB第305条第2款所述使用人明示提示义务的约束。究其原因或许在于，一者德国强大的工会制度有力限制了劳动合同场合下一般交易条款被滥用的可能性，故此时一般交易条款在纳入时被滥用的风险受到较大限制；再者“立法者认为在这方面（如劳动法领域）已有其他的法律规定提供足够的保护”，[②]由此本着特殊法优于一般法的法律适用准则，德国BGB第305条第2款被排除在劳动合同场域之外。

综上所述，经由德国BGB第305条第2款得以从正向维度确立使用人明示提示义务规则，其由“使用人明示提示义务”、“明示提示义务履行合格标准”及“未合格履行明示提示义务时的法律后果”三个要素构成；另外经由该法第305a条、第310条第1款及第4款，将

---

① 佚名. 德国民法典［M］. 陈卫佐，译. 北京：法律出版社，2006：108.
② 拉伦茨. 德国民法通论［M］. 邓晓晔，邵建东，程建英，等译. 北京：法律出版社，2013：768.

“运输、电信及邮政等行业内特定类型合同中一般交易条款”、“以经营者、公法上的法人或公法上的特有财产体为相对人的一般交易条款”以及“劳动合同中的一般交易条款”排除在上述BGB第305条第2款所述使用人明示提示义务适用范畴之外。通过这两方面正反规定，德国BGB得以构建起一般交易条款使用人明示提示义务规则。整体来看，这一义务规则是以BGB第305条第2款为核心构建起来。该款规定不仅确立了德国一般交易条款使用人明示提示义务规则的底层规范，而且后续的除外规定亦是针对这一款衍生而来，是对这一规定的反向叙述。

2）意外性条款排除规则

德国BGB第305c条第1款规定："根据情况，特别是根据合同外观，一般交易条款中的条款如此不同寻常，以致使用人的合同相对人无须予以考虑的，不成为合同的组成部分。"[①]此即德国法上针对一般交易条款纳入所设置的“意外性条款”排除规则。

所谓“意外性条款”又称为“异常条款”“不同寻常条款”，指“依照交易的正常情形，显然不是相对人能够预见的格式条款……即从交易的性质、目的、形式逻辑以及生活常识和惯例等因素来看，这种条款存在于格式合同中是社会一般人不可能普遍预见和认识的”。[②]根据上述规定，一旦一般交易条款被认定为“意外性条款”，则其不得成为合同组成部分，会被排除在合同之外。

①形式意外性条款与内容意外性条款界分

通常认为，意外性条款受到规制的原因在于其严重侵害了对方当事人的期待可能性，归根到底妨碍了对方当事人的意思表示自由。而“正如法律文本（‘特别是’）所表明的，针对顾客的一个不被允许

---

① 佚名．德国民法典［M］．陈卫佐，译．北京：法律出版社，2006：101.

② 张建军．格式合同的司法规制研究［M］．北京：中国政法大学出版社，2014：151.

的突然袭击不仅仅可能源自形式拟定（formelle Gestaltung）方面，也可能源自条款实质内容（materielle Inhalt）方面”。[①]由此可知，根据对对方当事人意思表示自由妨害方式的差异，意外性条款还可被细分为“形式意外性条款”和“内容意外性条款”。

形式意外性条款指表述方式出人意料的条款，例如表述用语不符合一般社会公众的日常习惯，条款在合同中的位置不合常理，条款印刷方式不同寻常等。形式意外性条款是最为常见的意外性条款类型，德国BGB第305c条第1款所着重强调的“特别是根据合同外观”即指此类条款。形式意外性条款通过刻意的表述技巧，给对方当事人知晓和理解该条款设置不合理障碍，这与前文所引德国BGB第305条第2款所追求的“认知可能性+理解可能性”意旨背道而驰，由此必然会堕入一般交易条款纳入规制机制约束范畴。

内容意外性条款指内容出人意料，尤其是内容与相关任意性规范偏离过大的条款。内容意外性条款在日常生活中不如形式意外性条款常见，但确有发生可能。通常来说，一般交易条款相对人在订立合同时，往往持有此种主观设想，即既然该一般交易条款“在日常被众多的相对人广为接受，它必然已对双方当事人的权利义务做了合理分配”。[②]而内容意外性条款则是对此种期待的彻底否定，其所作权义设置过于偏离一般社会公众惯常设想，乃至出人意料。如此一来，其必然也与德国BGB所追求的“认知可能性+理解可能性”的理念背道而驰，必然堕入将一般交易条款纳入规制机制的约束范畴。

经上述简要梳理，可以将意外性条款界分为形式意外性条款和内

---

① MATTEO F. Freier markt und zwingendes Vertragsrecht: Zugleich ein Beitrag zum Recht der Allgemeinen Geschäftsbedingungen［M］. Berlin: Duncker&Humblot, 2013: 71.

② 张建军. 格式合同的司法规制研究［M］. 北京：中国政法大学出版社，2014: 151-152.

容意外性条款，作出此种区分并不会导致德国BGB第305c条第1款所述意外性条款排除规则适用结果出现差异。事实上，这么做除了便于在学理上更为细致认识意外性条款外，更主要的目的在于为接下来将内容意外性条款排除规则与德国BGB第307条第2款第1项所述内容控制规则进行辨析做准备。

②内容意外性条款排除规则与内容控制规则界分

依据德国BGB第307条第1款第1句的规定："一般交易条款中的条款违反诚实信用原则，不适当地使使用人的合同相对人受不利益的，不生效力。"[①]另根据该法该条第2款第1项的规定，若某一条款"与所偏离的法律规定的重要的基本思想相抵触的"，则有疑义时当被认定为存在上述第1款第1句所述"不适当的损害"，由此应受内容控制规则约束而"不生效力"。

另外，根据该法该条第3款第1句的规定："第1款和第2款以及第308条和第309条，只适用于用来约定偏离或补充法律条文的规定的一般交易条款中的条款。"[②]由此可知，上述德国BGB第307条第1款和第2款均只规范那些与法律任意性规范相偏离的一般交易条款。既如此，此处所涉"与所偏离的法律规定的重要的基本思想相抵触"具体指的应是"与所偏离的任意性法律规范的重要基本思想相抵触"。概言之，若某一般交易条款不仅与有关法律任意性规范相偏离，而且与其蕴含的重要基本思想相抵触，那么即属于"违反诚实信用原则，不适当地使使用人的合同相对人受不利益"情形，由此即应受到此处德国BGB第307条所述内容控制规则的约束，最终应被认定为"不生效力"。

经此解释后，一旦联系到上文所述"内容意外性条款"，则不免

① 佚名. 德国民法典［M］. 陈卫佐，译. 北京：法律出版社，2006：101.
② 佚名. 德国民法典［M］. 陈卫佐，译. 北京：法律出版社，2006：101.

会产生如下疑问：若某一般交易条款内容与法律任意性规范偏离过大，乃至与其所蕴含的重要基本思想相抵触，如此也必然“出人意料”，那么此时究竟应适用德国BGB第305c条第1款所引内容意外性条款排除规则而“不成为合同组成部分”，还是应适用德国BGB第307条第2款第1项所引内容控制规则而“不生效力”？正如有德国学者研究指出的：“BGH在检验一个条款根据BGB第305c条第（1）款是否应被视为‘意外’时，其同时也会考虑该条款‘对任意性规范的偏离程度’。”[①]既如此，BGH在做此种检验时则很有可能会遭遇上述疑问。

事实上稍作审视即会发现，德国BGB第305c条第1款所引内容意外性条款排除规则与“BGB第307条下内容控制规则不同之处在于检验尺度方面：前者不取决于条款内容的‘妥实性’，只取决于具体缔约情形下一般交易条款相对人的‘期待可能性’”。[②]具体而言，虽然二者在进行检验时均可能触及“对法律任意性规定偏离过巨”这一事实，但二者接下来展开评断的维度不同：内容意外性条款排除规则关注的只是此种偏离将损害相对人的期待可能性，即侵蚀相对人进行自由意思表示的基础，但绝不关注此种偏离行为所导致的一般交易条款与法律任意性规范之间的“内容价值冲突”；[③]内容控制规则正相反，并不关注此种偏离所造成的相对人进行自由意思表示机会的丧失风险，其始终着眼于此种偏离所带来的一般交易条款与法律任意性规定之间的“内容价值冲突”，即一般交易条款所作权义设置对法律任意性规范所蕴含的重要基本思想的背离，由此引发的该一般交易条

① MATTEO F. Freier markt und zwingendes Vertragsrecht: Zugleich ein Beitrag zum Recht der Allgemeinen Geschäftsbedingungen [M]. Berlin: Duncker&Humblot, 2013: 71.

② MATTEO F. Freier markt und zwingendes Vertragsrecht: Zugleich ein Beitrag zum Recht der Allgemeinen Geschäftsbedingungen [M]. Berlin: Duncker&Humblot, 2013: 72.

③ 法律任意性规范通常契合于社会大众的一般认识与期待，这是其自身合理性基础所在。与法律任意性规范的巨大偏离，实际上往往也意味着与社会大众的一般认识及期待的偏离。

款内容价值崩坏危机。经此分析不难发现，虽然德国BGB第305c条第1款下内容意外性条款排除规则与第307条第2款第1项下内容控制规则均指向一般交易条款内容与法律任意性规范内容偏离过巨这一话题，但前者立足于意思表示程序保护维度进行规定，而后者则是立足于条款内容价值妥实性保障维度进行规定。也正因如此，违反内容意外性条款排除规则的结果为“不成立”，而违反内容控制规则的结果为“不生效”。

有鉴于此，在现实中遇到上述“竞合疑问”时，选择何种规范规则进行裁断取决于裁判者立足于何种维度。根据民事诉讼“不告不理”的基本精神，根本上取决于一般交易条款相对人提出何种诉讼请求：是依据德国BGB第305c条第1款主张条款不成立，抑或依据德国BGB第307条第2款主张条款不生效。

③意外性条款认定依据及法律结果

就意外性条款的认定依据并无一个统一确定的目录，这有赖于具体合同场合下裁判者的具体权衡，权衡时的参酌要素通常包括该合同中一般交易条款的表述方式、印刷方式、条款布局顺序、内容异常性程度、相对人的理智水准等。换言之，“条款的意外性无法被抽象地认定，而应当始终结合具体合同缔结情形予以认定”。[①]也正因如此，条款意外性被德国《不作为之诉法》（UKlaG）第1条排除在集体诉讼程序启动依据之外，盖因此种诉讼程序并不以具体合同关系为依托，而是针对某一般交易条款所提出的“抽象”诉讼。这也意味着当以德国BGB第305c条第1款为依据诉请判定一般交易条款为意外性条款时，只能经由传统的个体民诉程序为之，此时《不作为之诉法》中的团体诉讼程序“爱莫能助”。

① MATTEO F. Freier markt und zwingendes Vertragsrecht: Zugleich ein Beitrag zum Recht der Allgemeinen Geschäftsbedingungen［M］. Berlin: Duncker&Humblot, 2013: 74.

最后就意外性条款的法律后果，依上述德国BGB第305条第2款规定其“不成为合同组成部分”。值得留意的是，我国台湾地区“消费者保护法”第14条早前在规范意外性条款的法律后果时与此处德国法做法基本相同，即：“定型化契约条款未经记载于定型化契约中依正常情形显然不是消费者所能预见，该条款不构成契约之内容。”但其后所颁行之“消费者保护法施行细则”第12条规定：“定型化契约条款因字体、印刷或其他情事，致难以注意其存在或辨识者，该条款不构成契约之内容。但消费者得主张该条款仍构成契约之内容。”相比而言，我国台湾地区“消费者保护法施行细则”的规定更为灵活。理由在于虽然意外性条款于相对人而言通常意味着不利风险，但却并非一概意味着不利益。事实上，市场经济复杂多变，不同相对人面对意外性条款所持评价并非绝对趋同。当就意外性条款发生争议时，允许相对人作出法律结果方面的选择或许更加契合此类制度的原始意旨——为相对人提供倾斜保护。

另外，意外性条款法律后果还有一个值得注意的法例，即《国际商事合同通则2010》（以下简称“PICC”）第2.1.20条第（1）款，其规定：“如果标准条款中含有的条款，依其性质，另一方当事人不能合理预见，则除非该另一方当事人明示地表示接受，否则该条款无效。”此处明确表明意外性条款的法律后果为“无效”，这与上述德国及我国台湾地区的做法皆不同。就此笔者认为，从合同作为当事人双方意思表示一致的载体这一属性角度而言，意外性条款因其并不包含真正的相对人意思，由此也没有真正的当事人双方意思表示一致事实，故其根本无法成为合同内容部分，理应属于“不成立”而非“无效”。故相比之下，PICC的规定难言妥当。

3）个别约定优先规则

德国BGB第305b条规定：“个别的合同约定，优先于一般交易条款。”[①]据此规定，若同时存在个别约定与一般交易条款，则后者被排除在合同之外。据此审视，本款规定也属于一般交易条款纳入规制规范。

至于何谓个别约定，这个问题一度成为德国一般交易条款制度发展进程中的热点。但随着学术研究的推进，特别是德国司法界的持续思考，如今关于个别约定的认定标准已经较为清晰确定。就此不妨援引德国BGH一段裁判意见予以说明：“个别约定的存在必须基于这样的前提条件，即对方当事人能够对合同内容依据自己的利益需求而施加影响，其中最为核心的是条款使用人必须存在允许对方修改条款的意愿。”[②]按照这一解释，判断个别约定是否存在的关键在于相对人是否掌握有影响条款内容的可能性。另外，根据BGH的意见，“若使用人至少允许相对人对包含其一般交易条款中的与法律规范不一致的主要内容进行协商，也即对偏离或补充法律规范本质内容的决定进行协商，并且至少同意给予对方影响合同条款拟定的现实可能性的”，[③]则此时一般交易条款也转化为个别约定。

总言之，依据德国BGB第305b条，一般交易条款遇到个别约定时不得纳入合同，由此确立了德国一般交易条款纳入规制机制下的第三项规则——个别约定优先规则。

3.2.2 英国合理期待性规则考评

与德国意外性条款排除规则类似，在英国存在合理性期待规则。

考察英国法相关发展历史可知，其历来对以格式条款形式呈现的免责（包括限责）条款深恶痛绝，以至于不惜动用制定法律手段而予

① 佚名．德国民法典［M］．陈卫佐，译．北京：法律出版社，2006：101.

② TOBIAS M. AGB-kontrolle versus Individualvereinbarung: Zweck und Grenzen der Inhaltskontrolle vorformulierter Klauseln［M］. Tübingen: Mohr Siebeck，2010：137-138.

③ TOBIAS M. AGB-kontrolle versus Individualvereinbarung: Zweck und Grenzen der Inhaltskontrolle vorformulierter Klauseln［M］. Tübingen: Mohr Siebeck，2010：136.

以专门规制，典型示例即英国1977年《不公平合同条款法》，这一法规出台的主要意旨即限制免责格式条款的使用。不过在现实中能够导致不公平性感受的格式条款不止免责条款，“大概说来，合同的不公平可以说是一个或两个原因引起的结果，要么是合同加给一方当事人的负担太重，要么是加给另一方的负担太轻——比如通过免责条款。1977年《不公平合同条款法》只考虑其中施加给一方当事人的负担过轻这样一种情形；一般说来它根本没有论及施加过重负担于一方当事人的合同——其他的法律规定处理了这种可能性的一些例子，偶尔也有可能借助普通法规则以避免适用某一明显负担过重的合同条款”。[①]相比之下，英国判例系统则对存在不公平风险的格式条款关注更为热切，其大多时候并不具体区分“负担过重条款”或“负担过轻条款”，而是一概称之为“苛刻条款”。针对那些以格式条款形式呈现的苛刻条款，在纳入规制方面所采取的手段即合理期待性规则。

合理性期待规则的具体含义指“只有一个条款是某一特定类型合同中经常出现的那种，一方当事人才能被合理期待地认识到这样的条款包括在合同中”。[②]进一步而言，若某种格式条款并非某类交易中的常见条款，那么此时要满足合理期待性规则，则“寻求依赖某一特别苛刻或者异乎寻常条款的一方当事人应当采取特别措施使该条款以‘公平合理’的方式引起另一方的注意”。[③]据此可见，英国合理期待性规则类似上述德国法中意外性排除规则，所谓“合理期待”即意味着条款“并不意外”。

与德国法类似，在英国合理期待规则下苛刻条款也包括形式苛刻条款与内容苛刻条款，相关蕴意大抵与德国法上形式意外性条款和内

---

① 阿狄亚．合同法导论［M］．赵旭东，何帅领，邓晓霞，译．北京：法律出版社，2002：322.

② 张良．不公平合同条款的法律规制［D］．武汉：武汉大学，2011.

③ 张良．不公平合同条款的法律规制［D］．武汉：武汉大学，2011.

容意外性条款相仿。值得一提的是，就内容苛刻条款而言，对其进行的合理期待性规制似乎也存在着与内容控制机制混淆的疑惑。正如有研究者指出的："用这种方法，纳入检验成了一个（隐藏的）合理性检验，虽然其标准并没有写出来。因为这种类型的检验直接抨击合同自由，使许多法官对此感到不自在，所以法院通常更喜欢上述'特别苛刻或者异乎寻常'公式。"[①]也就是说，当运用合理性期待规则这一纳入规制手段约束内容苛刻条款时，其考核的是"由该条款苛刻性所引发的难以合理期待性"。当苛刻性越强，则由此引发的难以合理期待性也就越强，运用合理期待性规则实施纳入规制的理由就越充足。然而，在这一过程中不难发现，条款内容苛刻性本身也往往意味着条款内容在法律价值层面的不公平性（所谓苛刻无非就是不恰当免责或不恰当施加负担），这同时也构成了内容控制的理由，就这一点英国1977年《不公平合同条款法》是最佳例证。[②]因此，面对内容苛刻条款，在进行规制时也存在着合理期待性规则与内容控制规则"竞合"的可能。但正如上述引文所述，因英国法历来所具有的"程序性偏好"，法官在具体应对时往往并不愿意直接进行条款内容公平性方面的裁断，而更加倾向于采纳合理期待性规则这一纳入程序性规制手段。

概言之，英国合理期待性规则与德国法上意外条款排除规则相仿，均为格式条款纳入规制手段。鉴于前文已对德国法规则有较为详细解读，此处不再赘述。

3.2.3 美国司法控制技巧考评

在美国面对格式条款时，"浸淫于传统的合同法规则中的法院，

① 张良．不公平合同条款的法律规制［D］．武汉：武汉大学，2011.

② 英国1977年法的主题就是对不公平的免责格式条款进行内容控制，而不公平免责格式条款的核心要义即为"条款免责规定过分苛刻，导致双方当事人权义对比关系陷入不公平境地"。

曾经不愿意支持那些以此种条款乃属强加为理由而主张免受协议约束的当事人。因为，根据对价的交易理论，交易的要件可以因为对标准格式的简单附合而满足，对价原则不能够为这种救济提供基础……如同马里兰州的最高法院所说：‘法律上假定的是，当事人对其做成的文件的内容是知情的，并且至少能够理解其中的条款的字面意思’。这一原则曾被适用于标准格式，并且甚至在主张不受其约束的当事人所受教育很低甚至是文盲时，法院也坚持这一见解”。[①]由此可见，以前美国因受意思理论影响，并不赞成对虽不完全自由但并未堕入欺诈、胁迫、不当影响境地的格式条款施加约束。但随着格式条款使用范围及频率的增加，以及由此引发的日益严峻的交易不公平状况，这一认识逐渐发生改变。一些旨在控制格式条款使用的司法技巧慢慢获得采纳。

这些司法控制技巧的产生契合美国法一贯的判例传统，呈现出“司法引领”法制发展风格。但甚为巧合的是，这些技巧与此前已经述及过的德国等成文法规则具有相似蕴意及效果。也就是说，在应对格式条款使用方面，美国法所采用的手段在深层次的内容内涵及功能导向方面与大洋彼岸的德国等法的某些成文法规实际趋同。

1）意外性条款排除技巧

依美国合同法学者解释，“一份书面文件的类型特殊，以至于不能使相对人合理地认为其中包括了所建议的合同条款，因此相对人不受其约束”。[②]根据这一解释，若一个格式条款被包含在一个书面文件中，而根据相对人的惯常认识，这一“包含”做法在日常交易中甚为鲜见，则相对人不受其约束。关于这一司法控制技巧的背后原理，

① 范斯沃思．美国合同法［M］．葛云松，丁春艳，译．北京：中国政法大学出版社，2004：195.

② 范斯沃思．美国合同法［M］．葛云松，丁春艳，译．北京：中国政法大学出版社，2004：296.

美国《第二次合同法重述》第211条第3款有十分恰当的说明："若对方当事人有理由相信，表示了缔约意思的此方当事人假如知道书面文件中包含了某个特定条款的话就不会这样做，那么这个条款不构成协议的一部分。"

毫无疑问，这一司法控制技巧的蕴意与此前已经讨论过的德国法上"意外性条款排除规则"十分相似，就此不妨将上述解释与德国BGB第305c条第1款进行对比。依该款规定："根据情事，特别是根据合同外观，一般交易条款中的条款如此不同寻常，以致使用人的合同相对人无须考虑它们的，它们不成为合同的组成部分。"[①] 就此通过对比可发现，上述解释与此处规定的核心要义均在于当格式条款的存在颠覆了相对人合理期待性时，其应受到控制（无效或者不约束相对人）。概言之，若格式条款按照相对人的惯常认识乃属"意外"时，则应受约束。由此可见，二者的基本意旨完全一致，即反对格式条款意外性，反对使用人利用意外格式条款损害相对人利益而逃逸传统契约法规则的管控（此时并不存在欺诈、胁迫等情形）。二者主要差别在于，美国意外性条款排除技巧主要针对的是条款设置位置的意外性（即条款被设置于十分意外的合同文本中），而德国的意外性条款排除规则则不仅涵盖条款设置位置意外性情形，还包括其他种类的条款表述形式意外性，乃至条款内容意外性情形。

但终究而言，依照上述比较解读可知，美国意外性条款排除技巧与德国意外性排除规则在创制的基本蕴意及功能导向方面大体相仿。

2）提示说明不充分条款排除技巧

美国使用的第二个司法控制技巧类似于德国法上提示说明义务规

① 佚名. 德国民法典［M］. 陈卫佐，译. 北京：法律出版社，2006：101.

则，只不过其采用了反向的否定表述："尽管一份书面文件可能原本构成要约，但是如果一个阅读者没有得到介绍，他无法合理地将其理解为要约的一部分。"[①]则该相对人不受此格式条款约束。

按照这一司法技巧要求，格式条款使用人负有提示说明义务，具体包含两个义务侧面：一是其应主动提示格式条款的存在并力图清晰表达其含义，二是不得在缔约后再迟延呈现格式条款。就第一个侧面而言，"和指向某条款的文句，以及该条款本身是否容易理解相关的因素，包括字体的大小，都在确定该条款是否构成合同的一部分时扮演重要的角色"。[②]而就第二个侧面而言，"如果一个条款是在合同成立后才到达，那就太迟了。因此，在包装上、发票上或者合同成立后收到的说明书上所载有的条款，不太可能被认定为有效。投币售货机打出的书面文件也被法院认定为来得太晚，不能用来变更已经成立的合同"。[③]

同样，就上述司法控制技巧的蕴意，也可以通过与德国法上提示说明义务规则对比加以理解。按照德国BGB第305条第2款第1项及第2项规定："仅在使用人于合同订立时有下列情形，且合同当事人另一方赞同适用一般交易条款时，一般交易条款才成为合同的组成部分：1.向合同当事人另一方明示地提示一般交易条款，或者因合同订立的种类，唯克服过巨困难始可能明示提示时，以在合同订立地明显可见的招贴提示一般交易条款的；2.使合同当事人另一方有可合理地期待的方式知悉一般交易条款的内容，而该方式也适当考虑了使用人可看出的合同当事人另一方身体上的残疾的。"[④]这一规定可提炼出

---

① 范斯沃思．美国合同法［M］．葛云松，丁春艳，译．北京：中国政法大学出版社，2004：296.

② 范斯沃思．美国合同法［M］．葛云松，丁春艳，译．北京：中国政法大学出版社，2004：296-297.

③ 范斯沃思．美国合同法［M］．葛云松，丁春艳，译．北京：中国政法大学出版社，2004：297.

④ 佚名．德国民法典［M］．陈卫佐，译．北京：法律出版社，2006：100.

两个要点，一是一般交易条款应当被使用人明示提示说明，二是该明示提示说明应当在缔约时作出。以此比照上述美国司法控制技巧不难发现，二者基本蕴意大体相同，即：反对格式条款被模糊地提供，反对格式条款被迟延提供。可见，上述美国提示说明司法控制技巧与德国法上提示说明义务规则基本趋同。

3）美国司法控制技巧反思

就上述美国司法控制技巧，经解读后不难发现，二者的基本蕴意与功能导向实质上“似曾相识”，各自分别可在前文已经讨论过的德国法上意外性条款排除规则及提示说明义务规则中寻得类似表达。

虽然这两个司法控制技巧为美国法官规制格式条款的纳入提供了手段，但即使是美国国内法律人士也认为这些司法控制技巧存在固有局限性。“至少在理论上，传统的司法上的技术都无法充分地保护一个的的确确了解情况的不幸的人——他知道对方当事人期望一份书面文件成为合同，他阅读了对方当事人希望包括在合同中的条款，他了解对方当事人会怎样来解释合同。这样，那些比较细心或者碰巧了解到有关情况的当事人，与那种幸福地处于无知状态的当事人，就显然受到不平等的待遇”。[①]概言之，在这些司法控制技巧指导下，法官是否提供规制救济的标准仅在于相对人是否已经知晓了相关格式条款的内容，而并不在于条款内容本身的法律妥适性。如此导致的结果是，那些尽了更多交易注意的相对人较之于那些尽了较少交易注意的相对人，其获得法律保护的机会更少，而就此并找不到任何合理依据予以支持。

另外，在美国就这些司法控制技巧更为严厉的批判在于，它们均

---

① 范斯沃思．美国合同法［M］．葛云松，丁春艳，译．北京：中国政法大学出版社，2004：299．

只是在合意层面规制格式条款，没有也无法触及合同公平层面。但在现实交易活动中，这些司法控制技巧往往很容易被掌握熟练交易技巧和合同草拟技术的格式条款使用人所规避。正如美国著名法学家卢埃林所指出的："这些传统的技术至少在表面上与公平与否的问题无关，并且所有这些技术都可能被聪明的合同起草人员所规避。"[①]但纵使已经认识到传统司法控制技巧存在上述短板，仅在这些司法控制技巧范畴内进行改良却几无可能，主要是由这些司法控制技巧仅关注条款合意这一本质属性所决定的。

事实上，只要稍进行比较法考察即不难发现，上述司法控制技巧困境并非美国法所面临的"本土性难题"，其实际上是导入格式条款纳入规制机制的法域所普遍面临的难题。只要采用纳入规制机制，即存在被规避以及难以触及条款内容公平性（由此难以根本规制格式条款滥用）的弊端。有鉴于此，在此之外另设一道规制阀门即属必要。这道阀门不仅应能为那些尽到更多交易注意的相对人也提供应有保护，同时还能在必要时切入条款内容进行公平性考评，由此从根源上规制格式条款滥用。这道规制阀门有一个较为统一的理论称谓，即"内容控制机制"。这一阀门目前在美国法中已有具体呈现，即该法域中的"显失公平"制度。该制度的制定法依据为美国《统一商法典》第2-302条，此条款被誉为"可能是整个《法典》中最有价值的一条"。[②]正有赖于"显失公平"制度，美国法得以构建其自身的格式条款内容控制制度。与此同时，在其他格式条款典型法例中也存在类似的制度表述，例如德国BGB第307条下以"诚实信用"为核心要素的内容控制机制、欧盟1993年指令第3条第1款下以"诚实信用"为

① 范斯沃思．美国合同法［M］．葛云松，丁春艳，译．北京：中国政法大学出版社，2004：300.

② 范斯沃思．美国合同法［M］．葛云松，丁春艳，译．北京：中国政法大学出版社，2004：306.

核心要素的内容控制机制、英国2015年消费者权益法第62条第4款和第6款下以“诚实信用”及“重大失衡”为核心要素的内容控制机制等。美国法上以“显失公平”制度为依托的格式条款内容控制机制以及其他法域中的类似制度，将在后文“格式条款内容控制研究”部分作专题研究，此处暂不展开。此处指出这一点的主要目的在于循着上文分析思路而挑明美国司法控制技巧存在的主要缺陷，并将本书研究初步向接下来将要进行的内容控制研究方面牵引。

4）比较法维度考察总结

经上述比较法考察可见，“提示说明义务规则”（提示说明不充分条款排除技巧）与“意外性条款排除规则”（合理性期待规则/意外性排除技巧）是当前世界范围内比较主流的格式条款纳入规制机制。前一规则强调格式条款应被明晰表达，后者强调格式条款应被通常地表达，二者归根到底都是着眼于对格式条款相对人自由表达意思的机会进行保护，由此尽量确保格式条款纳入过程存在当事人一致的意思表示，最终消解格式条款关系下契约自由形式化演变风险。另外，德国BGB第305b条还确立了一项特殊的纳入规制规则，即个别约定优先规则。

关于这些规则在上述不同法例中的适用差异，上文已经进行了解读。毫无疑问这些差异都是局部性、细节性的，而在规则的基本蕴意与功能导向方面则明显趋同，反映出这些规则获得了较为共识性的认可。这些规则能同时在德、美、英等法域中适用也表明，它们具有跨法域采用的可能，如此便为我国进行法律移植提供了现实佐证素材。至少对接下来将要展开的我国格式条款纳入规制机制研究而言，其无疑提供了十分宝贵而实际的指引方案。

3.3 格式条款纳入规制探究之我国法完善

一般认为，我国原《合同法》中涉及格式条款纳入规制的规范仅有第39条第1款，即“采用格式条款订立合同的，提供格式条款的一方应当遵循公平原则确定当事人之间的权利和义务，并采取合理的方式提请对方注意免除或者限制其责任的条款，按照对方的要求，对该条款予以说明”（事实上《民法典》第496条第1款亦是如此）。毫无疑问，相比于前文提到的域外法上较为完善的“提示说明义务规则+意外性条款排除规则”机制，我国法上纳入规制机制还十分单一，仅涉及提示说明义务规则。这一规定存在不少立法瑕疵，例如此处“合理方式”含义不清、应主动提示的格式条款太有限、说明须以相对人请求为前提、未履行提示说明义务的法律后果不明确等，这些瑕疵极大削弱了该款规定的规制效力。《合同法司法解释（二）》第6条第1款虽对上述规定中的“合理方式”含义做了澄清，但余下瑕疵仍延宕至今。尤其是未履行提示说明义务时的法律后果问题，合同法内部规范之间、合同法规范与合同法司法解释规范之间、合同法司法解释规范相互之间矛盾较多。①

如果说在原《合同法》制定之初（1999年）我国市场经济尚处于发轫时期，出于对格式条款经济效率功能的青睐而对其有所放纵，进而在构建纳入规制规则时设限较松的话，那么在历经二十年迅猛发展之后，随着当下市场经济体制逐步“由构建完成向日趋完善发展”，对格式条款的关注重点也应逐步由效率功效向契约公平方面回归。这一转变进程并非仅仅出于一种简单的人为追求，而是由市场经

① 周清林．论格式免责条款的效力层次——兼谈《合同法》及其司法解释之间的矛盾及其协调［J］．现代法学，2011（4）：185-193.

济体制自身发展规律以及格式条款在市场经济中所扮演的角色所决定。有鉴于此，对格式条款纳入规制机制进行完善已属必要。

在具体讨论之前，有必要先思考论证纳入规制导入的必要性，即应解释清楚以下两点：一者格式条款纳入过程存在何种问题？再者既有的法律制度能否妥善应对？只有当格式条款纳入过程存在问题且既有法律制度无法妥善化解时，才有必要另行导入独立的“格式条款纳入规制方案”。而在证成必要性后，则可进一步展开具体规则构思，以期推动未来我国法上格式条款纳入规制机制，前文所做域外法考察经验即可派上用场。

3.3.1 我国法导入纳入规制机制必要性论证

1）格式条款纳入失灵

通过前文对“格式条款受限必要性”的解读可知，格式条款使用过程中存在“契约自由形式化演变”危机，此为格式条款纳入过程中存在的问题。“形式化”指在格式条款关系下，“契约自由”无限趋近有名无实状态，即“契约自由”固然还存在，但其实现效果已经极其微弱，乃至无限趋近消弭。导致格式条款关系下“契约自由形式化”的原因在于，现实生活主体在“能力要素”及“物质要素”方面差异过大并进而使得“契约自由”实现效果不断减损，且“民事主体提炼性思维”对此无能为力，[①]即格式条款使用人与格式条款相对人在“能力要素”及“物质要素”方面存在巨大差异，由此极大影响了“契约自由”的实现，对此“民事主体提炼性思维”无法予以救援，甚至有放任之嫌。就此处所言格式条款关系下当事人的“能力要素”与“物质要素”，主要包括当事人认知能力、议价能力、财务实力、

① 关于“民事主体提炼性思维”的内涵及其与“契约自由”之间的关系，参见本书第2章第3节相关解读内容。

交易知识储备、市场信息储备、市场政策资源以及交易成本需求等。其中，最常见亦最为重要的是当事人认知能力、当事人财务实力、当事人市场信息储备及当事人交易成本需求四方面要素。而考诸现实生活经验不难发现，在这四个要素方面，通常格式条款相对人至少在一个方面处于劣势，有时则处于全面劣势境地。而格式条款使用人在这四个要素方面往往均占据优势，或者至少处于均势。当这些要素共同发挥作用时，则格式条款相对人往往处于极大的交易劣势地位，由此产生实际上的交易地位不平等状况。进一步看则是“民事主体提炼性思维”所确认的“民事主体一律平等”信条在现实交易过程中实现困难，最终来看则是“契约自由”在现实交易过程实现困难。这样一种实现困难的强化过程，即是格式条款关系下契约自由形式化演变过程，由此终将导致格式条款关系下契约自由形式化演变。最终将为格式条款使用人在纳入格式条款过程中滥用格式条款提供便利，例如设置隐蔽、复杂、令人意外的格式条款，而这些条款往往包含对格式条款相对人不利的内容。作为合同法基石的“契约自由理念”在此不仅无法保障格式条款相对人的意思表示自由，而且很有可能成为格式条款使用人主张条款已被正当纳入的口实，最终成为其滥用格式条款的手段。

2）现行法应对失灵

一般认为，我国原《合同法》中涉及格式条款纳入规制的规范仅有第39条第1款，即“采用格式条款订立合同的，提供格式条款的一方应当遵循公平原则确定当事人之间的权利和义务，并采取合理的方式提请对方注意免除或者限制其责任的条款，按照对方的要求，对该条款予以说明”。毫无疑问，相比前文提到的域外法上较为完善的“提示说明义务规则+意外性条款排除规则”规制机制，我国法上纳入规制机制还十分单一，仅涉及提示说明义务规则。即使是这一规定也存在不少立法瑕疵，例如此处“合理方式”含义不清、应主动提示的格式条款太有限、说明须以相对人请求为前提、未履行提示说明义务的法律后果不明确等，这些瑕疵无疑极大削弱了该款规定的规制效力。其后《合同法司法解释（二）》第6条第1款虽对上述规定中的“合理方式”含义做了澄清，但余下瑕疵仍延宕至今。尤其是未履行提示说明义务时的法律后果问题，合同法内部规范之间、合同法规范与合同法司法解释规范之间、合同法司法解释规范相互之间矛盾丛生。[①]

另外，按照传统民法理论，与“契约自由”联系最为紧密的两个板块当属“行为能力制度”与“意思表示制度”。概言之，按照传统民事理论观点，契约自由实现的基础主要为两点：一是缔约人具备必要的行为能力，二是缔约时不存在意思表示瑕疵情形。然而，若以此两点审视格式条款关系下契约自由形式化演变，则实际上根本不存在任何法律上的不妥适。因为在格式条款关系下，虽然契约自由不断向形式化演变，但在这一过程中并不存在缔约人行为能力不足及意思表示瑕疵情形（欺诈、强迫、错误等情形通常并不存在）。由此可知，在传统民法理论场域下，不仅是“民事主体提炼性思维”对格式条款关系下契约自由形式化演变无能为力，既有的行为能力制度及意思表示制度也均无能为力。据此可见，既有法律制度难以妥善应对格式条款使用场合下“契约自由形式化演变”问题，由此也难以应对格式条款纳入过程中可能发生的格式条款滥用风险。

据此可知，一方面在格式条款使用场合下存在契约自由形式化演变危机，由此衍生出格式条款纳入过程中格式条款滥用风险；另一方面既有民法制度对此应对失声，难以提供有效管控支持。有鉴于此，

---

① 周清林．论格式免责条款的效力层次——兼谈《合同法》及其司法解释之间的矛盾及其协调［J］．现代法学，2011（4）：185-193.

针对格式条款纳入过程特殊性而另行导入独立规制方案当属必要。此即格式条款纳入规制导入必要性所在，亦为格式条款纳入规制研究动机所在。具体而言，参考域外法典型范例，未来我国法上格式条款纳入规制机制，其可由如下三种具体规则搭建而成：一是提示说明义务规则，二是意外性条款排除规则，三是非格式条款优先规则。

3.3.2 提示说明义务规则拟定设想

关于提示说明义务规则基本含义与内容范畴，上文考察德国法时已有详细论述，即使是进行法律移植，这一规则也演变不大。故笔者在此处不再重复讨论，而是基于对我国法的相关思考并参酌上述比较法研究成果，提出笔者设想中的提示说明义务规则试拟规范：（1）采用格式条款订立合同的，提供格式条款的一方应以合理方式提请对方注意，并对其中免除或限制其责任、加重对方责任以及排除对方主要权利等与对方有重大利害关系的条款予以说明。前述提示说明义务履行以对方可知悉及可理解为合格标准，未合格履行者相关条款不得成为合同组成部分，但相对人予以认可的除外。（2）述法条款免于第（1）款中提示说明义务约束。就此设想，接下来依次分六个小板块简要解读。

1）公平原则排除

将上述试拟规范与原《合同法》第39条第1款及《民法典》第496条第2款对比可知，其删除了“提供格式条款的一方应当遵循公平原则确定当事人之间的权利义务”表述。就此笔者认为，这一表述本身是对合同条款内容提出的法律价值层面要求，其与格式条款纳入程序并无关联。或者准确而言，这一表述实质上应属于格式条款内容控制规范组成部分，放在纳入规制规范中不伦不类。正如有学者分析指出的，就该表述究竟“是订立规则，还是效力规则，不无疑问。有学者认为属于订立规则或效力规则……笔者认为，此项规定应为格式条款的效力判断规则”。[①]此种看法当属妥当，即“提供格式条款的一方应当遵循公平原则确定当事人之间的权利义务”乃是与格式条款效力评判有关的表达，而非与格式条款纳入有关的表达，故其不应被嵌入纳入规制规范中来。此外，对比德国BGB第305条第2款规定可以发现，其也不包含与上述表述类似的表达，这也提供了一种域外法上的典型反例。

2）合理方式释义

在上文试拟规范中笔者继续保留了原《合同法》第39条第1及当前《民法典》第496条第2款中的“合理方式”，而并没有转向德国法中的“明示”。笔者认为“合理方式”已经在我国格式条款法制实践中适用许久，并且还有《合同法司法解释（二）》第6条第1款的解释加持，故已经较为深入沉浸到我国格式条款法制语境中，因此从法律发展稳定性出发予以保留当为善举。另外，即使是德国法上的“明示”在实际环境下是否同时满足“明示提示义务规则”的要求，在进行衡量时仍然是以使用人的“明示”提示行为是否达到合理性为准绳，只不过在德国法中合理性被表述为“期待可能性”而已。或者说，“合理方式”通常都是“明示”的，而“明示”则并非通常也是“合理方式”。由此来看，选择“合理方式”，其内涵适应性要强于“明示”。因此笔者认为，我国法上的“合理方式”本身即优于德国法上的“明示”，如此即不应弃良择次。

不过纵使予以保留，对“合理方式”的内涵认识也应有所调整，准确来讲应是在继承的基础上有所拓展：首先《合同法司法解释（二）》第6条第1款提供的指导自可继续沿用，因此“文字、符号、

① 高圣平．试论格式条款效力的概括规制——兼评我国合同法第39条［J］．湖南师范大学社会科学学报，2005（3）：74.

字体等特别标识”仍然是较为常见的提示手段。另外，应当注意到“合理方式”的内涵是极其宽泛的，在具体场合下如何作为才能被认定为“合理方式”有赖于法官自由裁量。法官在进行裁量时除了要考虑各种个案因素外，还应始终以“相对人可知悉可理解”为根本标准，如此一来类似于德国BGB第305条第2款第2项中的相对人身体残障等特殊情况也应被一概统筹进“合理方式”内涵中来。最后“合理方式”中的“合理”要素不仅适用于格式条款相对人，同时也应适用于格式条款使用人，一种提示手段是否合理不仅要考虑相对人状况还应顾及使用人状况，据此类似于德国BGB第305条第2款第1项中所提及的使用人面临的巨大困难情形也可被纳入“合理方式”的内涵理解中。

总言之，“合理方式”这一表述因其独有的内涵张力可继续保留，同时在实际应用时应有所拓展。究竟应如何拓展属于一种司法智慧，或许由法官们通过实务探索来形成裁判经验不失为一条可选路径。但在此可以提出的指导是无论怎样进行拓展都不能脱离上述两个要点：一是“合理方式”的认定应当始终把握“相对人可知悉可理解”要求，二是“合理方式”的认定应兼顾使用人所面临的客观困难。

3）提示与说明义务对象限定

上文试拟规范未对提示义务适用对象加以限定，但将说明义务适用对象限定为“免除或限制其责任、加重对方责任以及排除对方主要权利等与对方有重大利害关系的条款”，就此解释如下。

①提示义务对象禁止限定

就提示义务对象的范畴，笔者认为不应当有所限制。一来若是加以限制，则增加了使用人掩饰、变相隐藏、复杂化、冗长化格式条款的风险，如此不利于对相对人的保护；再者即使要求使用人对所有格式条款均应提请对方注意，在“合理方式”限制下也不会给使用人造成太大负担，至少就保障相对人的利益而言，此种负担在法律价值层面也并非不可接受的不公平待遇。

相比之下，原《合同法》第39条第1款及《民法典》第496条第2款将提示义务对象限定于“免除或限制责任的格式条款”的做法不甚妥当。以上述两点理由加以权衡不难发现，做此种限制在当下及未来时期都找不到恰当依据予以维持。特别是当将“非免除及限制责任的格式条款”排除在提示义务对象范畴之外后，精明的使用人必然会采取各种手段以强化相对人注意到此类格式条款的难度，而这显然并非未来我国格式条款纳入规制机制所追求的目标。就这一点的理解，可以回顾前文关于“格式附从条款削弱效应”的论述内容。

②说明义务对象适度限定

就说明义务对象的范畴，笔者认为应当有所限制，但如何限制又是一个问题。

首先，对说明义务的对象范畴应当加以限制。在现实情景下，履行说明义务显然比履行提示义务要更加费劲。尤其是在大规模反复交易中，若要求使用人对其使用的全部格式条款逐一说明难免不符合经济理性——彼时格式条款所具有的经济效率功能将消逝殆尽。而且对于那些使用格式合同（所有条款均为格式条款的合同）的使用者而言，逐一说明意味着庞大的交易负担，此与逐一磋商几无二致。因此即使主张对格式条款实施纳入规制，也并非要一刀切地要求使用人对所有格式条款负有说明义务，否则将演化为一种“法律家长主义”，不利于交易自由化推进。有鉴于此，选择其中对相对人利益影响较大的格式条款加以说明义务应属妥当。余下格式条款是否也应被说明，则须以“经相对人请求”为条件，这也是对相对人经济理性的正常期待。

其次，说明义务对象应被限定为“免除或限制其责任、加重对方责任以及排除对方主要权利等与对方有重大利害关系的条款”。原《合同法》第39条第1款虽然也初步意识到说明对象范畴的受限必要性，但其仅限定为“免除或限制其责任的条款”，并且还以“按照对方要求”为前提条件，此种做法不甚妥当：一来“免除或限制其责任的条款”能被规定至此，那么为何作为其效果对应面的“排除对方主要权利条款”不能呢？这两种条款本质上都属于过度减轻格式条款使用人负担的情形，规定其一而忽视其二实在匪夷所思。至于“加重对方责任条款”也是如此，既然过度减轻使用人负担的情形能被规定至此，那么为何过度加重相对人负担的情形被排除在外呢？毕竟这两种情况都属于使用人假格式条款之手单方性侵夺相对人利益的情形，规定其一而忽视其二同样匪夷所思。概言之，从现实交易场景考量，只要是与对方有重大利害关系的格式条款，均应予以说明。另外，将“按照对方要求”作为说明义务的履行前置要件，会极大限制说明义务的规制功效，因为此时使用人对“免除或限制其责任的条款”加以掩饰、变相隐藏、复杂化、冗长化的风险必将急剧增加，相对人获得保护的成本也必将急剧增加，而这与纳入规制机制的构建目标背道而驰。有鉴于此，笔者认为对说明义务对象的限定应从两方面着手：一是限定于“免除或限制其责任、加重对方责任以及排除对方主要权利等与对方有重大利害关系的条款”，二是说明义务是使用人应无条件主动履行的义务。就第一点而言，《民法典》第496条第2款是最佳佐证。

最后还值得注意的一点是，在完成上述逻辑论证后将会引发的一个新问题，即如果采纳试拟规范“并对其中免除或限制其责任、加重对方责任以及排除对方主要权利等与对方有重大利害关系的条款予以说明”的表述，那么其与《民法典》第497条中“提供格式条款一方不合理免除或减轻其责任、加重对方责任、限制对方主要权利，或者排除对方主要权利，该条款无效”的关系为何？换言之，同一内容同时出现在纳入规制规则与内容控制规则中，对这一显著悖论该如何处理？[①]笔者以为应当对《民法典》第497条加以修改，删除“提供格式条款一方不合理免除或减轻其责任、加重对方责任、限制对方主要权利，或者排除对方主要权利，该条款无效”之规定，而将当前《民法典》第496条第2款中的“公平原则”移步至此即可（或者代之以“诚实信用原则”）。理由在于，从文义角度追溯《民法典》立法者意旨不难发现，其将“提供格式条款一方不合理免除或减轻其责任、加重对方责任、限制对方主要权利，或者排除对方主要权利”引入到该法第497条中就是为了实现“公平原则”目标。公平原则是一个十分概括性的理念，立法者在第497条中引入上述内容无疑是对第496条第2款中所述“提供格式条款的一方应当遵循公平原则确定当事人之间的权利义务”的进一步具体化与规则化。而之所以选择这四个方面，则是因为“不合理免除或减轻其责任、加重对方责任、限制对方主要权利，或者排除对方主要权利”属于“可能”严重损害当事人之间权利义务关系公平性的典型情形。然而，现实情况是十分复杂的，“不合理免除或减轻其责任、加重对方责任、限制对方主要权利，或者排除对方主要权利”是否确实会严重损害当事人之间权利义务关系公平性其未可知。正如有学者指出的，“排除免责条款一定会使所供应的商品或服务的价格上涨。希望得到不包含免责条款的商品或服务的购买人不需要制定法的保护，因为他能以较高的价格购买它们，以换取免责条款的缺失；而（根据排除免责条款的制定法）宁愿以较低

① 这一悖论并非因笔者提出试拟规范后才产生，在原《合同法》第39条第（1）款和第40条并存的情况下，早先即已有研究者指出了这一规范冲突。参见周清林. 论格式免责条款的效力层次——兼谈《合同法》及其司法解释之间的矛盾及其协调［J］. 现代法学，2011（4）：185-193.

的价格购买附随免责条款的商品的购买人却被剥夺了这样做的自由，这没有什么明显好的理由。尽管保证当事人不受其未真正予以同意的条款的拘束这一点仍然很重要，该观点认为，当事人实际上已经意识到，并且理解相关条款的后果时，立法禁止免责条款不够妥当”。[①]因此法律武断性地预先将免责条款等规定为无效，从立法科学性角度而言不甚妥当。经权衡不妨以“公平原则”替代“免除其责任、加重对方责任、排除对方主要权利”，由此形成一种概括性的内容控制规范。如此一来，既可以排除上述试拟规范与《民法典》第497条之间的冲突，也可将“公平原则”从《民法典》第496条第2款中解放出来，更能增强《民法典》第497条的适用灵活性。

4）提示说明义务履行合格考评标准

依前文试拟规范所述，合格履行提示说明义务的考评标准为“对方当事人可知悉可理解”。

“可知悉可理解”指相对人经使用人提示说明，具备现实知悉并理解该格式条款的可能性。此处仅需特别注意如下要点：首先知悉及理解的客观标准应取决于一般社会理性人，只是在使用人明知相对人存在身体上障碍或其他现实障碍时才取决于该相对人。其次知悉及理解只需达到“可能”的要求即可，非必须让相对人知悉与理解。

5）提示说明义务履行失败时的法律后果

就未合格履行提示说明义务的法律后果，“立法中关于违反形式要件法律后果的规定并不一致，有的规定违反形式要件的格式条款绝对未订入合同，如德国法；有的规定违反形式要件的格式条款无效，但对方的接受除外，如国际商事合同通则；有的规定对方当事人可选择宣告违反形式要件的格式条款无效，如荷兰民法典；有的规定‘无

① 阿狄亚．合同法导论［M］．赵旭东，何帅领，邓晓霞，译．北京：法律出版社，2002：327.

效仅在有利于消费者时发生并得被法官依职权判定'，如意大利民法典"。[①]考诸我国原《合同法》第39条第1款可以发现，其处于"被空置"状态：就使用人未合格履行提示说明义务情形，该款规定未明确规定相应法律后果。在意识到这一立法缺陷后，此后《合同法司法解释（二）》（以下简称《解释》）做了补救尝试。该《解释》第九条规定："提供格式条款的一方当事人违反合同法第39条第1款关于提示和说明义务的规定，导致对方没有注意免除或者限制其责任的条款，对方当事人申请撤销该格式条款的，人民法院应当支持。"《解释》第10条又规定，提供格式条款的一方当事人违反合同法第39条第1款的规定，并具有合同法第40条规定的情形之一的，人民法院应当认定该格式条款无效。

针对未合格履行提示说明义务时的法律后果，原《合同法》与《合同法司法解释（二）》所持意见存在内部冲突与交错冲突："第一，《合同法》第39条和第40条之间的矛盾。若从字面理解，第39条规定了提供方提请注意和说明免除与限制责任的义务，可第40条无条件地认定这些条款一概无效，自然第39条之义务毫无意义。第二，《解释》第9条规定违反提示和说明义务的他方当事人享有撤销权，而第10条却规定违反上述义务且落入《合同法》第40条的5种情形时无效。显然，《解释》第9条和第10条之间在效力种类的规定上存在冲突。第三，《解释》与《合同法》规定之间存在冲突。《解释》第9条规定违反《合同法》第39条规定者可撤销，但《合同法》第40条的规定却是无效，即使按照《解释》第10条这些情形的无效也必须附加违反第39条之条件，因此《解释》与《合同法》的规定

① 梁慧星．中国民法典草案建议稿附理由合同编［M］．北京：法律出版社，2013：75-76.

实则大相径庭。”[①]

就这些问题笔者认为应当分两步予以解答：首先提示说明义务针对的是格式条款纳入过程，故该义务未被合格履行时即应当是对格式条款纳入产生负面影响。至于“可撤销”与“无效”等均是与格式条款纳入无关的法律后果（与已经纳入后的法律评价有关）。综合分析可知，未合格履行提示说明义务时的法律后果首先只能是“不得成为合同组成部分”。其次提示说明义务的要义在于从纳入程序层面为相对人提供倾斜保护，以纠正格式条款关系下当事人双方信息不对称问题。但应当注意的是，当事人之间信息不对称并不同时意味着格式条款内容于相对人而言无法接受。因此若使用人虽未合格履行提示说明义务，但格式条款内容能为相对人接受时，则此时还一概将其排除在合同组成部分之外则难免有些“应对僵化”。此时宜将选择权赋予相对人，在其对格式条款认可时将例外纳入合同中。如此为之，既能更加灵活地为相对人提供倾斜保护，同时也契合了“不轻易否定合同”的契约法基本理念。

相比之下，《民法典》第496条第2款虽然补足了原《合同法》第39条第1款纳入规制法律后果缺失缺陷，但因其表述为“对方可以主张该条款不成为合同的内容”，则存在如下显著缺陷：在相对人提出主张前，该格式条款究竟是否被纳入合同中？因格式条款纳入状态直接与当事人意思表示挂钩，故其本应是确定存在的（无论纳入还是未纳入）。而一旦持《民法典》第496条第2款审视时，则在相对人未提出主张前，虽然以当事人意思交换为内核的缔约过程已告结束，然而格式条款是否纳入合同中的状态却是模糊的。不难看出，《民法典》编纂者有意补足格式条款纳入规制法律后果，而且有意将其设计得更

① 周清林．论格式免责条款的效力层次——兼谈《合同法》及其司法解释之间的矛盾及其协调［J］．现代法学，2011（4）：185-186.

加契合相对人利益保障需求，但前陈规定之表述却不尽完善。相比而言，以“格式条款不成为合同组成部分，但相对人认可除外”替换“对方可主张该条款不成为合同的内容”，当为更恰当表达。

综上所述，就未合格履行提示说明义务的法律后果可概述如下：未合格履行者相关条款不得成为合同组成部分，但相对人予以认可的除外。

6）提示说明义务规则反向规定

在提示说明义务规则构建方面，德国法为我们提供的另外一个启示是，并非所有格式条款均需加以提示说明义务。就此笔者将立足于我国实情而对免于提示说明义务的格式条款类型进行梳理，当然梳理结论实质上处于开放状态。随着我国社会经济发展与法律制度演化，免于提示说明义务的格式条款类型也可能会随之增加。

在目前环境下，笔者认为可确定免于提示说明义务的格式条款类型只有“述法条款”。所谓述法条款是指援引或者转述相关规范性文件内容的格式条款，这类条款通常出现在公用事业行业中，如铁路、电信、水电、邮政等，某些条款甚至直接由有关管理部门参与拟定。因述法条款自身内容承继自相关规范性文件，故其“安全性”极高。有鉴于此，对这类条款不必加以提示说明义务。另外，在发生争议时，应当由使用人承担举证责任，以此证明诉争条款属于述法条款。

另外，还有一类格式条款是否也可免于提示说明义务则有待商榷，即“审批生效性条款”。根据《民法典》第502条的规定：“依法成立的合同，自成立时生效，但是法律另有规定或者当事人另有约定的除外。依照法律、行政法规的规定，合同应当办理批准等手续的，依照其规定。”从这一规定可知，在通常情况下若合同无效力阻却事由则成立即生效，但如果法律、行政法规要求审批或登记后才生效的则要依其规定。既如此，当某格式条款所在合同生效属于后一种情形时，若相关审批登记机制确实足够完善并因此能够对格式条款实施较为严密的监控，则在缔约时这些条款也可以免于提示说明义务。但考虑到我国目前合同审批制度发展各地区、各行业良莠不齐的现状，笔者以为稳妥来看暂时不适合在《民法典·合同编》这一基本法中予以肯认。不过从长远来看，这或许也为提示说明义务规则的未来发展保留了空间。

最后，还有一类格式条款是否可以免于提示说明义务也值得商榷，即商事合同中格式条款。依据前文德国BGB第310条第1款第1句的规定，“对经营者、公法上的法人或公法上的特有财产体使用的一般交易条款”免于该法第305条第2款下明示提示义务规则的规范。由此可见在德国法上，商事合同中的一般交易条款并不受明示提示义务规则的约束。背后法理在于，德国法认为商事交易比之于民事交易更加注重交易自由，交易主体双方也更有责任去自主预判及自主应对商业风险。商事主体较之于民事主体往往具有更为强大的交易参与能力，在交易时发生信息不对称的风险更低。有鉴于此，对商事合同中一般交易条款相对人并不必提供纳入规制方面的倾斜保护。但此种做法是否也同样可以为我国所采纳？笔者认为至少在当下及未来一段时期都不适合，理由在于即使同为商事主体也存在实力强弱之分。对于那些性质上虽为经营者但实力薄弱的商事主体，其在与大型商事主体开展交易时发生信息不对称的风险依旧很高。而在当下时期，以小微企业为代表的此类商事主体在我国依旧众多。因此若一概将商事合同中的格式条款排除在提示说明义务规则适用对象范畴之外，对此类商事主体不利。稳妥而言，对这些商事主体提供必要的保护依旧是适宜的。

当然商事合同毕竟有别于民事合同，商事主体也有别于民事主体。虽然不赞成将商事合同中格式条款一概排除在提示说明义务规则适用对象范畴之外，但在适用这一规则时的宽严尺度却可有别于民事合同。也就是说，在商事合同场合适用提示说明义务规则比之于民事合同场合可以更为宽松。至于是否宽松以及宽松至何种程度，这仍旧有赖于个案下法官的自由裁量。因此就商事合同中格式条款适用提示说明义务规则这一问题，其值得探索的乃是司法智慧方面，而在立法层面并无太大讨论空间。

3.3.3 意外性条款排除规则拟定设想

与提示说明义务规则在我国《民法典》中仍有雏形的状况不同，意外性条款排除规则在《民法典》乃至《保险法》等特别法中均无规定。因意外性条款排除规则本质上与提示说明义务规则不同，且其在纳入规制方面有独特效果，故笔者认为其可以被移植到未来我国《民法典·合同编》中。而且因这一制度是完全的“舶来品”，在此之前并无类似的既有制度存在，故其移植也不存在处理“旧包袱”的难题。唯需注意的是，究竟应采用何种表述更能促进该规则在我国法中扎根。

按照前文比较法考察内容，所谓意外性条款排除规则大抵可被简述如下：若格式条款的形式或内容过于异常，以至于相对人无法予以合理期待时，则其不构成合同组成部分。意外性条款可分为形式意外性条款与内容意外性条款，前者为条款表述形式（文字、用语、陈述方式、设置位置等）不合常理以致令人意外的情形，后者为条款内容与法律任意性规定偏离过巨而令人意外的情形。

就意外性条款排除规则的详细内容，笔者在前文进行比较法考察时已有十分详细解读，此处不再赘述。简言之，未来我国《民法典·合同编》中意外性条款排除规则可被试拟为：“格式条款的形式或内容过于异常，以致对方无法合理期待的，其不构成合同组成部分，但相对人予以认可的除外。”

3.3.4 非格式条款优先规则移转设想

在前文比较法考察部分，笔者提到了德国BGB第305b条所确立的个别约定优先规则，此规则亦为德国一般交易条款纳入规制机制下的子规则。按照其要求，若同时存在个别约定与一般交易条款时则个别约定优先，由此一般交易条款不被纳入合同之中。

我国《民法典》也存在类似规则，第498条规定：“格式条款与非格式条款不一致的，应当采用非格式条款。”从表述上看，这一规定的含义与德国BGB第305b条规定基本一致。差异在于，德国BGB第305b条是一个独立规范，而我国法则是将其置于《民法典》第498条“格式条款的解释”中而与其他两项解释规则并列。由此引发的疑问是，非格式条款优先规则究竟是解释规则还是纳入规制规则?

笔者以为，从属性方面而言其属于纳入规制规则。因为作为解释规则，其处理的应当是格式条款含义不清、存在语义争议的情形。正如《民法典》第498条前两句所确立的“通常解释规则”和“不利解释规则”一样，其均是在就格式条款的含义发生争议时才得以适用。而且更为重要的是，解释规则并不导致格式条款被排除在合同之外的法律后果。无论对格式条款作出何种解释，其本身依旧稳居于合同之中。相比之下，非格式条款优先规则明显不同：一来在这一规则适用场合下，并不必然存在格式条款含义模糊不清情况；再者在这一规则适用场合下，最终法律后果是格式条款被排除在合同之外而不成为合同组成部分。因此毫无疑问，非格式条款优先规则应纳入规制规则而非格式条款解释规则。

鉴于上述分析结论，笔者认为《民法典》第498条中的非格式条款优先规则不能被包含在该条规定之中，而应自成一项规定（例如德国BGB第305b条）。也正因如此，笔者此处亦将其作为我国格式条款纳入规制机制的组成部分予以提及。

3.3.5 格式条款纳入规制机制构思总结

上文基于对原《合同法》及《民法典》实情与发展趋势的考量，同时参酌前文比较法考察成果，就我国格式条款纳入规制机制展开构思。根据探讨结论，笔者认为我国格式条款纳入规制机制应当由三个子规则构成，即“提示说明义务规则”、“意外性条款排除规则”以及“非格式条款优先规则”。

虽同为纳入规制规则，但三者关注主题并不相同。“提示说明义务规则”着眼于使用人提示说明行为，期望对使用人进行提示说明义务方面的干预而缓和当事人之间信息不对称风险；“意外性条款排除规则”着眼于使用人拟定行为，期望对使用人不恰当拟约行为进行干预而降低格式条款被滥用风险；“非格式条款优先规则”着眼于当事人之间的磋商行为，通过对非格式条款的支持来彻底排除格式条款可能引发的危机。

最后笔者分别针对提示说明义务规则和意外性条款排除规则试拟了两则规范，同时主张将《民法典》第498条第3句抽离出来而单独成一个条款。

提示说明义务规则：（1）采用格式条款订立合同的，提供格式条款的一方应以合理方式提请对方注意，并对其中免除或限制其责任、加重对方责任以及排除对方主要权利等与对方有重大利害关系的条款予以说明。前述提示说明义务履行以对方可知悉及可理解为合格标准，未合格履行者相关条款不得成为合同组成部分，但相对人予以认可的除外。（2）述法条款免于第（1）款中提示说明义务约束。

意外性条款排除规则：格式条款的形式或内容过于异常，以致对方无法合理期待的，其不构成合同组成部分，但相对人予以认可的除外。

非格式条款优先规则：格式条款与非格式条款不一致的，应当采用非格式条款。

3.4 格式条款解释规制探究

“格式条款的解释，是指根据一定的事实，遵循有关的原则，对格式条款的含义做出说明。”[①]与纳入规制一样，其不触及格式条款法律效力评价，故其也属于形式规制。与此同时，“进行内容控制的对象是包含有依据‘客观’解释标准所揭示的含义的一般交易条件。解释始终是内容控制的前提条件”。[②]故在纳入规制与内容控制之间，解释规制也占有一席之地。

从文献考察情况看，国内学者以往关于格式条款解释的探讨已经较为丰富，因此笔者在本书中无须再重复前人研究。接下来笔者首先对以往研究所形成的关于格式条款解释规则的看法进行一个简要梳理，以此交代清楚当前有关这一问题的认识概貌。然后笔者将依次选择如下两个以往研究未有关注或者说关注较少的问题进行特别讨论：一是“最有利于相对人解释规则”，二是对“严格解释规则”的反思，贯穿这两点的统一线索在于由“使用人限制主义”向“相对人保护主义”的转变。这一研究环节构成了本部分在探讨格式条款解释规则时的创新之处，同时也是对以往研究的一种补充。最后笔者将以《民法典》第498条为考察对象，对当前我国法上格式条款解释规则展开解读与反思，并对未来我国格式条款解释规则的完善提出建言。

---

① 王利明．合同法研究（第一卷）[M]．北京：中国人民大学出版社，2015：422-423.

② 拉伦茨．德国民法通论 [M]．邓晓晔，邵建东，程建英，等译．北京：法律出版社，2013：782.

3.4.1 格式条款解释规则概述

“关于格式条款解释规则的类型，存在着多种观点，但有典型代表意义的见解主要有三种。(1) 多数学者认为有四种解释方法，即客观解释、统一解释、限制解释和不利于条款使用人的解释原则。(2) 有学者则认为应当采取除统一解释之外的其余三种解释方法。(3) 还有的学者从格式条款所具有的作为约款和规范双重性质的角度出发，认为格式条款的解释除了采用规范（法律）解释和合同解释的方法之外，还有两种特殊的解释方法：条款疑义应为不利于企业者之解释和契约条款类推解释、扩充解释及补充解释之禁止。”[①]在上述观点中，客观解释规则和疑义不利于使用人解释规则作为格式条款解释规则鲜有疑问。然而统一解释规则独立性则普遍受到质疑，其被认为隶属于客观解释规则的内容。而类推、扩充和补充禁止解释规则实际上就是限制解释规则，只不过是限制解释规则内容的细化表达而已。故考诸各观点可知，关于格式条款解释规则较为统一的认识是其主要包括客观解释规则、疑义不利于使用人解释规则和限制解释规则。

1）客观解释规则

客观解释规则又称通常解释规则，指在解释格式条款时应立足于格式条款意欲适用的格式条款接受人群体的平均认识，并非立足于具体格式条款当事人的意思。

在德国，“联邦最高法院曾经指出，对于一般交易条款应该‘在权衡这种交易的一般参加者的利益时依据通情达理的合同对方当事人的意愿’予以解释”。[②]可见，客观解释规则是根据格式条款为了反

---

① 苏号鹏. 格式合同条款研究［M］. 北京：中国人民大学出版社，2004：224-225.
② 拉伦茨. 德国民法通论［M］. 邓晓晔，邵建东，程建英，等译. 北京：法律出版社，2013：778.

复适用于多数人而拟定这一属性创设的，虽然看起来其具有某些法律解释的色彩，但本质上仍属于对格式条款所包含的当事人意思的解释，因此其仍旧属于合同解释规则。只不过其特殊性在于，此时的合同当事人并非具体合同关系下的当事人，而是这一格式条款可能适用到的全体当事人，是对此全体当事人意思的揣测与提炼。在这一解释过程中，具体合同关系当事人也被包括在上述全体当事人中，故上述意思揣测与提炼的结果也被视为包含了具体合同关系当事人的意思。就这一点而言，其确实同以往一般性合同解释规则所力图澄清具体合同关系当事人意思的意旨取向不同。就客观解释规则的这一特征，有学者研究指出："既不像法律的解释，是完全在追求安定性及稳定性，也不像契约的解释，是完全探求当事人的真意，而是介在两者之间，在'寻求定型化契约适用对象的共同了解或合理期待'。"①

此外对于客观解释规则的适用，有学者总结出了一些具体参考意见。②

2）疑义不利于使用人解释规则

疑义不利于使用人解释规则源于罗马法上"发生歧义者由要约者承担不利后果"的原则，依据该规则当就格式条款的含义存在不止一种"通常理解"时，应作出对提供方不利的解释。因为"意思表示的标准含义的问题是一个法律问题，而不是一个事实问题。事实问题是指当事人业已讲了些什么话或他是如何行为的，他是在什么情况下这样做的，以及在特定行业中通常是怎样的和特定的术语实际上意味着什么。所有这些问题在诉讼中都可以通过举证予以揭示。至于一个一般性地知晓情况的顾客对某一条款所可能或必须做出的理解问题则属

① 樊启荣，王冠华. 保险格式条款"通常理解"之解释——以我国《保险法》第30条规定为中心［J］. 西部法学评论，2010（6）：26.

② 王利明. 合同法研究（第一卷）［M］. 北京：中国人民大学出版社，2015：424-425.

于一个法律问题，对此有必要进行评价与判断”。[①]这一论断尤其适用于格式条款解释，其表明格式条款解释蕴含相当的法律价值取向，即对相对人提供特别保护的法律追求。显然疑义不利于使用人解释规则集中体现了这一法律追求：保护处于弱者地位的相对人，平衡当事人利益以实现实质公平与正义。

另外有学者研究指出，“‘疑义’不应被用来进行隐藏的内容控制”。[②]概言之，疑义不利于使用人解释规则乃针对格式条款含义“不止存在一种通常理解”的情形，依其要求此时应选择其中对使用人不利的解释结论。由此来看，其只是在对客观存在的多种通常理解“加以选择时”进行了法律价值考量，而此前在提炼客观存在的多种通常理解时并未进行法律价值考量。

3）严格解释规则

严格解释规则也被称为限制解释规则，其指“对格式条款的含义应当从狭解释”。[③]就这一含义，可作如下两方面解读：“一方面，它是指在格式条款的解释中，应从维护公平正义的目的出发，对合同没有规定或规定不完备的事项，不得采用类推或扩张适用某些条文的适用范围的方法进行解释……另一方面，如果某个条文在适用范围上不明确时，应从‘最狭义’的含义进行解释。”[④]

与上述疑义不利于使用人解释规则相仿，严格解释规则也持有对相对人提供特别保护的法律价值追求。这主要基于对使用人滥用格式条款的机会主义行为动机的推定，由此在当事人对格式条款含义产生争议时，从严解释可避免落入使用人所期待的格式条款被滥用境地。

---

① 拉伦茨．德国民法通论［M］．邓晓晔，邵建东，程建英，等译．北京：法律出版社，2013：778.

② 拉伦茨．德国民法通论［M］．邓晓晔，邵建东，程建英，等译．北京：法律出版社，2013：559.

③ 苏号鹏．格式合同条款研究［M］．北京：中国人民大学出版社，2004：223.

④ 王利明．合同法研究（第一卷）［M］．北京：中国人民大学出版社，2015：427.

4）格式条款解释规则概述总结

据此可知，就格式条款解释，目前通说观点认为主要存在三种典型规则，即“客观解释规则”、“疑义不利于使用人解释规则”以及“严格解释规则”。通过上述分别解读不难发现，“客观解释规则”当属最基本的格式条款解释规则，后两种解释规则是在这一解释规则基础上的再发展。这种发展体现为，疑义不利于使用人解释规则和严格解释规则均是在恪守客观解释的前提下纳入了对相对人提供特别保护的法律价值考量。相比之下，客观解释规则更加注重对争议格式条款的客观理解（共同理解），在此客观性是其立意基点。而疑义不利于使用人解释规则和严格解释规则更加注重对相对人的特别保护，此两种规则的立意基点是法律上的价值考量。这两方面的特征使得此处的格式条款解释规则有别于一般性合同解释规则。

最后值得注意的是，上述提到的疑义不利于使用人解释规则与严格解释规则虽然都持有为相对人提供特别保护的法律价值取向，但在设计具体功能实现机制时其出发点却并不在于此，而是被置于对使用人的限制方面。概言之，疑义不利于使用人解释规则与严格解释规则虽然都期望为相对人提供特别保护，但却采取了从对使用人进行限制着手并进而间接地实现保护相对人的功能发挥路径。例如前者在适用时要求作出对使用人不利的解释，而后者则是要对格式条款的含义作出最狭义解释，二者共性之处在于其解释起点均被放在了对使用人的限制上。就此特征，笔者将其概述为“使用人限制主义”。

3.4.2 相对人保护主义之确立

1）使用人限制主义缺陷解读

如上所述，作为两项共识性格式条款解释规则，疑义不利于使用人解释规则与严格解释规则虽均持有为相对人提供特别保护的法律价值追求，但在实现这一追求时其功能发挥起点却被置于对使用人的限制方面，由此形成了“使用人限制主义”解释规则设计理念。在笔者看来，当初设计这两项规则所立足的考量主要有两点：一是认为格式条款是由使用人单方面拟定，因此其在完全掌握拟定主动权的同时即应当对拟定过程中产生的条款含义不明确风险负责；二是对使用人的限制必然意味着对相对人的保护。就前一点而言，其颇有一些“权责相统一”的蕴意在里面。因使用人完全掌握格式条款拟定主动权，故当被拟定出的格式条款语义不明时，其当然应对其拟定行为负责。由此对该格式条款做出于其不利的解释也好，还是说对该格式条款的含义做出最狭义解释也罢，均无不当。就后一点而言，考虑到合同当事人之间利益博弈关系，既然做出了对使用人不利的解释或者做出了对使用人而言最狭义的解释，那么似乎也意味从反面看就是对相对人利益保障最适合的解释。

乍看之下以上两点考量似乎并无不当，但当我们回归到“为相对人提供特别保护”这一格式条款规制制度的根本旨意上时便不难发现，上述两点考量均存在疏漏。首先就第一点而言我们需要思考的是，对使用人的限制是否为格式条款解释规则设计时的首要立意点？就此笔者认为，格式条款设计时的首要立意点应直接指向相对人保护，而并非对使用人的限制。换言之，法律创设格式条款解释规则的首要目的不是为了对使用人实施限制，而是为了给相对人提供特别保护。虽然使用人掌握拟定主动权而未能拟定出含义明确的格式条款的行为有一定可责性，但这一点绝非设计格式条款解释规则时所应被选择的首要立意点。如果将其选择为首要立意点，将会引发如下对上述第二点考量的质疑：是否对使用人的限制必然意味着对相对人的保护？如果并非如此，那么上述立意点的选择就完全与格式条款法律规制制度的根本旨意相背离。只有这一疑问获得肯定回答时，上述立意点的选择才是合理的。但遗憾的是，鉴于现实生活复杂性以及格式条款使用实践多样性，对使用人的限制并不必然意味着对相对人的保护。概言之，将对使用人的限制作为上述两种解释规则的首要立意点，其并非在任何时候均能实现为相对人提供特别保护的根本旨意。如此一来，便决定了疑义不利于使用人解释规则与严格解释规则并非最佳的格式条款解释规则选项，其还有被进一步完善的余地。

2）最有利于相对人解释规则构思

经上文梳理已确认，疑义不利于使用人解释规则是当前一种主流的格式条款解释规则类型。以德国BGB第305c条第2款为代表，在英国普通法、《意大利民法典》第1370条以及我国《民法典》第498条等中均有采纳。这一解释规则确立的主要理由在于，“单独起草条款或整个合同的一方通常应承担起草中的任何瑕疵的风险”。[①]就格式条款使用人而言，其完全掌握拟定出含义明确格式条款的主动地位，因此若其占据这一主动地位而未能实际拟定出含义明确的格式条款时，其自然应当承担相应不利后果。毫无疑问，疑义不利于使用人解释规则是对其所施加的一道督促。

但是疑义不利于使用人解释规则的上述立意却存在着一定疏漏，其更加注重对使用人的“惩罚”，更加注重对使用人“在其位不谋其职”行为的负面评价，但却在一定程度上忽视了如下事实：格式条款解释规则的根本立意不是对使用人的惩罚，而是对相对人的保护。实际上私法的一贯秉性都不在于惩罚方面，其对利益保护的关注要更甚于对不利益的惩罚。这一点在合同法领域也得到了继承，典型如违约责任制度便注重损失补偿甚于对造成损失行为的惩罚。而疑义不利于使用人解释规则虽然含有保护相对人利益的法律价值考量，但其却想

① 欧洲民法典研究组，欧盟现行私法研究组. 欧洲私法的原则、定义与示范规则［M］. 高圣平，等译. 北京：法律出版社，2014：490.

当然地认为不利于使用人的解释就必然是利于相对人的解释。产生这一当然想法的原因首先在于没有考虑到现实生活的复杂性与格式条款使用实践的多样性，同时根本在于其立意出发点并没有被置于相对人保护上，而是被放在了对使用人的惩罚方面。将解释立意点向相对人利益救济方面转移，这才与格式条款法律规制制度之救济意旨相契合。

有鉴于疑义不利于使用人解释规则所存在的上述疏漏，当前有些法例中抛弃了这一解释规则，进而采纳了“最有利于相对人解释规则”。典型如欧盟1993年指令第5条第2句规定：“如果对条款的含义存在疑问，应当采用对消费者最有利的解释。”另外，英国2015年消费者权益法第69条第1款也规定：“若消费者合同条款或通知存在歧义，则优先选择对消费者最有利的含义。”按照这些法例编纂者的意思，在一项格式条款的含义存在多个通常理解时，法律首先要确保的是相对人利益保护而并非对使用人行为惩罚。并且在编纂者看来，只要相对人的利益获得了保护，则使用人的行为是否应当被惩罚都是可以被忽略的。在相对人利益已获得保护的前提下，即使最终选择的解释结果对使用人有利也未尝不可，并且在这种情形下反而还实现了一种帕累托最优效果。由此来看，最有利于相对人解释规则比之于疑义不利于使用人解释规则而言，更加契合为相对人提供特别保护的法律价值追求。

3）严格解释规则瑕疵反思及改进设想

另外，与疑义不利于使用人解释规则所存在的缺陷一样，严格解释规则因以对使用人限制为首要立意点，从而也无法绝对保证为相对人提供特别保护。毕竟在纷繁复杂的现实市场活动中，一种对格式条款含义所作的最狭义解释并不必然意味着其对于相对人而言也是有利的。若产生对相对人而言也不利的解释结果时，则严格解释规则导致的将是一种“共输”局面。有鉴于此，在肯定严格解释规则功能前提下，有必要为其适用施加一项例外，即当就格式条款的含义产生争议时，应对其作最狭义解释，但解释结论对相对人不利的除外。

综上所述，以往将对使用人的限制作为首要立意点的做法，以及对使用人的限制必然意味着对相对人的保护的惯性思维均存在缺陷。由此导致“使用人限制主义”存在无法回避的弊端，并因此最终使得以此为基础的疑义不利于使用人解释规则和严格解释规则存在如下无法避免的弊端：其或许可以在大多数时候为相对人提供特别保护，但却无法保证在任何时候均能为相对人提供特别保护。有鉴于此，笔者认为应当由“使用人限制主义”向“相对人保护主义”转变。一方面以最有利于相对人解释规则取代疑义不利于使用人解释规则，另一方面在保留严格解释规则的前提下加入“对相对人不利的除外”这一限制。唯有如此，整个格式条款解释规则体系才能重新回归到“为相对人提供特别保护”这一格式条款法律规制制度根本旨意上来，并因此与前述格式条款纳入规制机制及格式条款内容控制机制保持统一。从这一角度而言，“为相对人提供特别保护”这一制度旨意当属整个格式条款立法规制制度的核心纽带。正因有了它，格式条款纳入规制、格式条款内容控制以及格式条款解释三者才不至于彼此疏离，整个格式格式条款立法规制制度才不至于松散不堪。

3.4.3 我国格式条款解释规则完善建言

《民法典》第498条规定：“对格式条款的理解发生争议的，应当按照通常理解予以解释。对格式条款有两种以上解释的，应当作出不利于提供格式条款一方的解释。格式条款和非格式条款不一致的，应当采用非格式条款。”这就沿袭了我国法上三项格式条款解释规则，即客观解释规则、疑义不利于使用人解释规则以及非格式条款优先规则。

就这一条的完善，有如下几点值得注意：首先是疑义不利于使用人解释规则，依据上文结论，建议在未来将其修改为最有利于相对人解释规则。其次就非格式条款优先规则而言，正如笔者在讨论纳入规制时指出的，其本质上应属纳入规制规则。理由在于非格式条款优先规则适用场合下，此时并不一定存在格式条款含义不清情形，故其本身并不涉及格式条款解释问题。另外，非格式条款优先规则适用的法律后果为格式条款被排除在合同之外，这应当属于纳入失败结果，而并非合同解释结果。因此就这两点而言，非格式条款优先规则当属纳入规制规则而非解释规则。既如此，将其与其他两项解释规则并列在一条规范之内，此种做法有欠妥当。未来完善我国格式条款立法规制体系时，应当使其回归纳入规制机制。最后就严格解释规则而言，其以往主要是作为一项理论规则或司法实践规则而存在，并未进入法律文本中来。笔者认为在未来可以考虑推动其入法，但在入法时仍应当引入上文分析所提到的例外规定。

综上所述，就未来我国格式条款解释规则规范设计，笔者认为可作如下表述：对格式条款的理解发生争议的，应当按照通常理解予以解释。对格式条款有两种以上解释的，应当作出对相对人最有利的解释。对格式条款含义应作最狭义解释，但对相对人不利的除外。

4

格式条款内容控制分析一：依据与范畴

4.1 内容控制滥用风险警惕

4.1.1 契约法研究惯性思维

受契约法自治属性影响，在进行契约法问题研究时，应秉持的惯性思维是优先尊重自治，随时防范滥用干预。

从一般秉性而言，法律以拘束力为基本特征。不同类型法律，其拘束力与拘束形式不完全相同。于契约法而言，其乃是一种选择型拘束。也就是说，在以法律价值划定范围内，允许行为人自由选择行为类型。由此可见，契约法的拘束性一方面表现为有相应法律价值作外延限制，例如正义价值、自由价值、效率价值等；另一方面其内容具有十分广阔的自治空间，行为人可自主决定选择何种行为。有鉴于此，在契约法领域内探讨相关问题时，对自治之关注应优先于对干预之追求。如何令争议问题尽可能在当事人之间自治解决，这才是化解契约法问题的首要旨意。故即使自治化解机制失灵，且有必要引入外在干预时，对滥用干预的防范也应置于对干预手段需求之前，而这正是研究契约法问题时应恪守的惯性思维。

4.1.2 契约自治与内容控制

所谓格式条款内容控制，指对格式条款内容进行法律价值层面（公平价值）的评价，并在作出否定评价时予以干预的法律规制机制。有别于形式规制，内容控制直击格式条款内容公平性，直接对格式条款效力进行评价，是一种十分严厉的规制手段。毫无疑问，这种手段天生带有破坏意思自治的基因，其本质上是国家公权力对私法关系的直接干预。再者因其本质上属于法律价值判断，故难免具有显著抽象性。有鉴于此，当在契约法领域内引入内容控制时，对内容控制滥用风险的警惕应如条件反射一般浮现于我们脑海之中。

在契约法领域内研究内容控制问题时，秉持上文所述契约法研究惯性思维，首先应考虑的并非内容控制机制引入后可能发挥的现实功效，而应是如何避免因滥用内容控制而导致契约自治受损风险。对滥用风险的防范应优先于对干预功效的追求，即应先证明“允不允许”，再思考“具体怎么做”。

4.1.3　导入依据与导入范畴

从行文布局角度而言，本书前一章在解读完格式条款形式规制之后，接下来即应进行统一的格式条款内容控制研究。为了严格贯彻上文所述契约法研究惯性思维，笔者以为拆分成两章更为妥当：前一章率先论证内容控制导入依据与导入范畴，后一章再构思内容控制具体规则。按照此进路，则首先可防范内容控制滥用风险，之后可弱化内容控制适用抽象性，以此推动内容控制在契约法领域内正当而有效落地。

有鉴于此，本章即首先进行“格式条款内容控制导入依据与导入范畴”研究。其中导入依据证成将赋予内容控制进入契约法领域的资格，而导入范畴证成将明细内容控制在契约法领域中的活动空间。在讨论导入依据时，将首先剖析前述格式条款纳入规制机制的局限性，之后再引向内容控制“补位”功效。在讨论导入范畴时，将从反面归纳不可适用内容控制机制的格式条款类型，借由排除法来划定这一机制的适用外延，具体涉及“基于核心给付条款与附随给付条款区别之分析”“基于强制性规范与任意性规范区别之分析”“基于非自然人主体核心业务与非核心业务区别之分析”“其他具备豁免资格的格式条款类型归纳”等。

4.2 内容控制导入依据核定

“合同自由以程序正义实现实质公平的特质表明，若信息规制能够确保意思自治在更大范围内得以实现，则可以减少内容控制的介入频率和范围，使之仅对信息规制失灵起‘补缺’作用。”①笔者在前文中即已挑明，形式规制系内容控制的前置程序。若一项格式条款根本未通过形式规制的检验，则无须再动用内容控制。此即意味着，唯当形式规制未能管控格式条款滥用风险时，才有必要继续导入内容控制。有鉴于此，对内容控制导入依据的论证，理应对照形式规制局限性。

要说明的是，在论证内容控制导入依据时，作为对比分析对象的主要是纳入规制局限性，至于解释规制局限性则不大重要。主要原因在于，当现有解释规则无法澄清争议格式条款语义分歧时，则此时根本不存在导入内容控制的余地，那么也就不存在论证内容控制导入必要性的空间，盖因“解释始终是内容控制的前提条件”。②唯当纳入规制未能管控格式条款滥用风险时，才有可能继续导入内容控制，此时也才有机会证成内容控制导入必要性。接下来在论证格式条款内容控制导入依据时，作为对比分析对象的仅限于纳入规制局限性。

4.2.1 纳入规制运行局限性透视

1）格式条款关系下的市场失灵

①协作失灵界定

按照经济学观点，市场活动由两大基本要素构成——竞争与协

① 马辉. 格式条款信息规制论［J］. 法学家，2014（4）：112.
② 拉伦茨. 德国民法通论［M］. 邓晓晔，邵建东，程建英，等译. 北京：法律出版社，2013：782.

作。一方面市场参与者两大阵营当事人（供应方和需求方）在各自阵营内就与对方阵营当事人进行协作（交易）的机会展开竞争，另一方面获得此种机会的当事人与对方阵营当事人具体展开协作（交易）。由此可见，正是竞争与协作共同塑造了市场交易活动的基本格局。

一旦明确了市场交易活动基本格局之后，接下来思考的要点即自然转向这样一个经典且现实的问题——市场失灵。长期以来，市场失灵问题都是经济学家们所共同关注的焦点话题，其横亘在经济学家的研究视野中已达数百年之久。而当我们从市场交易活动的两大构成要素——竞争与协作——方面展开思考时，便会发现市场失灵实际上通常有两种表现形式：一种是竞争失灵，这是古典经济学乃至新古典经济学所一贯关注的市场失灵；另一种是协作失灵，此系新制度经济学所关注的市场失灵。应留意的是，这两种市场失灵形态具有不同内部蕴意。竞争失灵反映的是同一阵营内市场参与者（通常为供应者）之间关系的紊乱，而协作失灵反映的是不同阵营市场参与者（供应者与需求者）关系的异常。若秉持法律视角审视这两种市场失灵形态即不难发现，前者通常属于反垄断法研究主题，后者则属于合同法研究主题。有鉴于此，本书研究语境下所涉市场失灵仅指协作失灵。

②协作失灵原因简析

关于市场失灵的原因，迄今为止相关研究可谓汗牛充栋。回顾以往理论辩争似乎很难确定出一个共识性主张，不过却足以概括出一条被普遍使用的思考逻辑：即以往经济学者们在探讨市场失灵原因时，往往以对“理想市场模型”的批判为起点，并借由“条件替换”思维来进行“理想市场模型”与“现实市场案例”之间的比较分析，由此试图摸清现实状况下发生市场失灵的原因。所谓“理想市场模型”是由古典经济学家在经验认识与理性总结基础上搭建起的一种市场模型，此种理想市场模型以一系列理想假设为运行基础，其中尤以下列三种假设为关键要件：当事人完全理性假设、无交易成本假设及完全有效竞争假设。其中“当事人完全理性假设”意指在各种交易活动中，交易当事人都作出收益最大化的选择。“无交易成本假设”意指在交易的全过程中都不会有成本付出，诸如交易伙伴的寻找、交易信息的搜集、交易条件的磋商等都不需要投入成本。“完全有效竞争假设”意指市场机制具有如下典型属性，即任何商品都为大量市场参与者所供应和需求。也就是说，当一个供应者将一件新产品投入市场后，其因此而获得的市场优势地位是十分短暂的。此时基于高水准的市场流动性，在不长时间内即会有其他生产者推出同类产品，并因此加入到与最初供应者的竞争中去。

毫无疑问，古典经济学家对“理想市场模型”的设想十分完美，以至于我们在现实环境下根本找不到完全满足以上假设的市场示例。不过“尽管理想型市场是假想的，但其仍然是一种有用的参考模型：通过将现实条件和假想要件进行对比，就能够弄清楚某些市场在现实中无法运行的原因”。[①]有鉴于此，当我们将格式条款关系场合下市场与理想市场模型加以对比便可发现，导致协作失灵（格式条款争议）的市场原因主要在于上述三种假设缺位。

事实上稍作联想便可知晓，不只是在格式条款关系下，在绝大多数市场交易中当事人都不是一种完全理性的参与者，其必然存在认知及情绪方面瑕疵。同时，几乎在所有交易活动中，也都必然存在交易成本，只不过在有的交易中成本十分微薄甚至可以忽视而已。因此就这两种假设而言，其并非现实市场中的常态因素。与之相反，“当事人有限理性”与“交易成本”才是现实市场中的惯常因素，在格式条款关系下的市场中亦如此。另外，就“完全有效竞争假设”而言，其

① MATTEO F. Freier markt und zwingendes Vertragsrecht: Zugleich ein Beitrag zum Recht der Allgemeinen Geschäftsbedingungen [M]. Berlin: Duncker&Humblot, 2013: 10.

或许在某些市场环境中确实存在，在格式条款适用市场中多数时候却难以实现。尤其在进入格式条款使用泛行业化时代，在格式条款使用人对竞争的排除达成默契共识的时代，立足相对人角度观察，事实上在对方阵营内已经不存在围绕交易机会而展开的竞争，至少在格式条款所覆盖的交易事项范围内，此种竞争已经被使用人个人甚至使用人群体所排除。由此可见，理想市场模型下的“当事人完全理性假设、无交易成本假设及完全有效竞争假设”在格式条款关系场合是全部缺位的。受此三种假设缺位的影响，广泛使用格式条款的市场便时常潜伏着失灵风险。

但必须留意的是，格式条款关系下协作失灵是否发生，这首先有赖于格式条款使用人是否去触发。正如德国民法学家梅迪库斯所言，“即使是诚实的商人，也难以抵挡为了自己的利益而利用此间产生的判断余地的诱惑。而不太诚实的人则更不会坐失良机了”。[①]除此之外，协作失灵发生与否还有赖于相对人面对使用人的触发尝试是否采取对抗行为。有鉴于此，接下来将着重从使用人的触发尝试及相对人的对抗行为两方面展开探讨，以此更加具体解释清楚上述三种假设缺位究竟如何引发了格式条款关系下的协作失灵。

2)“使用人机会主义行为”与“相对人理性忽视行为”

①使用人机会主义行为

“机会主义问题产生于这样的现实情况中，即对交易当事人而言，在现有条件下其不掌握完全控制对方当事人的可能性。在此种情况下，当事人就可能通过一些不正当的行为去使对方当事人遭受不利益而增进自己的利益。”[②]按照这一解释，所谓机会主义主要包含了两个理解要点：一是交易关系中的机会主义者并未掌握完全控制对方

---

① 梅迪库斯. 德国民法总论［M］. 邵建东，译. 北京：法律出版社，2013：295.

② MATTEO F. Freier markt und zwingendes Vertragsrecht: Zugleich ein Beitrag zum Recht der Allgemeinen Geschäftsbedingungen［M］. Berlin: Duncker&Humblot, 2013: 19.

当事人的可能性，二是交易关系中的机会主义者试图损人利己。就第一点而言，其诠释了机会主义中“机会”的内涵，该词意味着机会主义者怀有的一种“投机性”动机，即在其未完全控制对方当事人的情形下，试图钻交易空子的行为冲动。如果该交易当事人现实掌握完全控制对方当事人的可能性，此时其并非机会主义者而是行政命令者。此时其也无需去钻交易空子，而只需要根据自身逐利需求向对方当事人下达指令即可。由此可见，机会主义者乃是对对方当事人虽无完全掌控力但试图获得掌控效果的人。另外，就前述第二个理解要点而言，其表明机会主义者始终是以损人利己为行为意旨的。“由Williammson提出并被广泛接纳的关于机会主义行为的定义将其称为‘狡猾的自利追求’，即用不正当手段追求自身利益。此种行为偏离了理想交易中的协作要求，相比于当事人利益之间的和谐，利己行为与利他行为之间的一致性不复存在。”①

在格式条款关系下，使用人机会主义行为可谓屡发不止。依据上述对机会主义的解释，使用人的机会主义行为大抵可以被概括如下：使用人为了追逐自身利益而试图借用不诚实手段掌控相对人的行为。虽然在格式条款关系下，相对人通常或多或少处于一种交易中的“从属地位”，而使用人则往往占据着更为强势的交易位置，但契约关系的基本属性决定了此时使用人对相对人仍不掌握完全控制的可能性。如此一来受自身逐利冲动刺激，即使是诚实的商人也难以自持而不去追求对相对人的完全控制效果。其结果是在惯常经历中，格式条款使用人总是无时无刻不在试图钻交易空子，甚至利用各种“狡猾行为”，诸如刻意使用小字体、冗长枯燥的表述来规定自身免责条款；或者刻意使用醒目、易懂、具有强烈视觉吸引力的方式表述那些对相

① MATTEO F. Freier markt und zwingendes Vertragsrecht: Zugleich ein Beitrag zum Recht der Allgemeinen Geschäftsbedingungen [M]. Berlin: Duncker&Humblot, 2013: 19.

对人小恩小惠的条款，以此削弱相对人对合同中其他于其不利格式条款的关注；又或者刻意不使用口语化表达，而使用过于专业化的表达来陈述对双方权利义务设置不公平的格式条款，以此故意抬高相对人理解门槛等。无论采用何种手段，使用人总是处于一种尚未完全控制相对人但试图实现完全控制的追求中，为此不惜动用一些不诚实交易手段，其最终可能导致的结果即是格式条款关系下协作失灵。

据此可见，使用人机会主义行为正是使用人触发格式条款关系下协作失灵的尝试。上文分析已确认，导致格式条款关系下协作失灵的根本原因在于三种假设的缺位。如此还有必要解释清楚的一点是，使用人机会主义行为与三种假设缺位之间存在着何种联系？唯有厘清此种联系之后，方才可能将“假设缺位”、“使用人机会主义行为”及“格式条款关系下协作失灵”三者统筹起来，由此也才能呈现出格式条款关系下协作失灵发生的完整图谱。

首先就“当事人完全理性假设”缺位而言，其表明在格式条款关系下当事人均为“有限理性”。联想现实交易生活可知，即使均为“有限理性”，使用人也往往较相对人更为理性。正因存在此种理性对比差异，故为使用人机会主义行为提供了第一个心理诱因。

其次就“无交易成本假设”缺位而言，其表明在格式条款关系下当事人均要付出“交易成本”。同样联想现实交易生活可知，使用人通过格式条款的使用可以尽力“摊薄”交易成本，而相对人却无此种可能。各自承担的交易成本不同，则各自面临的交易负担也不同。此种交易负担对比差异，为使用人机会主义行为提供了第二个心理诱因。

最后就“完全有效竞争假设”缺位而言，其表明在格式条款关系下，使用人阵营内部的竞争无法对使用人与相对人之间的协作发挥有效约束。在当前这样一个格式条款时代，已经很少有供应者愿意通过放弃格式条款来争取交易机会。在大多数情况下，其更愿意同它的竞争者一样使用格式条款来削减自身交易成本，此即格式条款使用泛行业化趋势。受此种趋势推动，使用人之间竞争相应被弱化，同时使用人所面临的竞争压力也相应被弱化，由此为使用人机会主义行为提供了第三个心理诱因。

综上所述，使用人机会主义行为是触发格式条款关系下协作失灵的尝试，而“当事人完全理性假设、无交易成本假设及完全有效竞争假设”三者缺位则是使用人机会主义行为的三种心理诱因，由此一来便得以勾勒出如下逻辑链条：假设缺位诱发使用人机会主义行为，使用人机会主义行为尝试触发协作失灵。

②相对人理性忽视行为

面对使用人机会主义行为，若相对人能够采取必要应对举措，其也不足以实际触发格式条款关系下协作失灵。但现实经验通常表明，在大多数情况下相对人面对使用人机会主义行为，其采取的往往是一种理性忽视行为。

所谓理性忽视行为，指相对人基于交易理性而对使用人机会主义行为采取的漠不关心行为。要清晰揭示这一行为蕴意及发生机理，则有必要求助于行为经济学研究成果以及行为法经济学研究成果。

“行为经济学是利用实验心理学方法研究人类的经济行为，从而获得规律性认识的学科。”[①]指导行为经济学研究的主导理念是，“他们否认存在什么看不见的人性和本质，人被理解为他所做的一切行为的总和”。[②]既然如此，在观察经济中的人时聚焦点应被置于其行为

① 徐国栋. 民法私法说还能维持多久——行为经济学对时下民法学的潜在影响[J]. 法学，2006（5）：3.

② 徐国栋. 民法私法说还能维持多久——行为经济学对时下民法学的潜在影响[J]. 法学，2006（5）：3.

方面。

行为经济学对传统经济学理论的首要质疑在于“理性人假设”方面，即与传统经济学者所提出的“理性人假设”相对应，行为经济学者笃定认为任何经济活动中的主体都是“有限理性”的。一方面就市场中自然人参与者而言，认知局限决定了其无法获得完整交易信息，其理智局限更决定了其难以完美处理所掌握的交易信息。如此一来，此种市场参与者始终处于信息缺乏境地，由此其交易理性根本无法达到完全状态。另一方面就市场中组织体参与者而言，交易成本决定了其也无法获得完整交易信息，同时组织体内部分层构造也无时无刻不在影响着决策效率与决策安全，即使是国家作为市场参与者时也没有足够实力去完全掌握市场中方方面面的信息，故对于这类市场参与者而言其交易理性也无法达到完全状态。行为经济学者实验考察发现，“人们存在诸多认识偏见或扭曲。它们有框架效应、心理账户、代表性启发、双面贴现、信念忠诚、确认偏差、可获得性启发、事后聪明偏差、沉没成本谬误、赋予效应等”。[①]这些认识偏见与扭曲或单一或结合性地干扰着交易当事人交易理性，并最终促使交易当事人作出有限理性交易行为。

行为经济学在美国产生之后立刻引起了法学家的关注，并迅速演化为行为法经济学，并对以波斯纳为代表的传统法经济学者所主张的“人皆为其自我满足理性最大化者”的主张提出了挑战。相比于传统法经济学者所秉持的“理性人”观念，行为法经济学者更加青睐“现实人”观念。在现实人观念中，经济活动参与者虽然受逐利引导而试图作出符合理性的行为，但理性局限决定了其根本无法作出完全符合理性设想的行为。显然相比于传统法经济学的理性人观念，行为法经济学的现实人主

① 徐国栋．民法私法说还能维持多久——行为经济学对时下民法学的潜在影响［J］．法学，2006（5）：4.

张更加契合现实交易经验。

借此重新回到相对人应对举措话题上来，上述行为经济学“有限理性”观点及行为法经济学“现实人”观念为我们思考这一问题提供了新的启示。按照传统经济学及传统法经济学观点，纵然是在格式条款关系中通常处于“从属地位”的相对人，也是完全理性的，其是完全懂得如何以自身利益保障为导向来作出各种交易选择。既如此，当面对使用人机会主义行为时其必然也能够采取理性应对举措。但现实经验已经无数次验证了这一设想的荒谬性，否则格式条款争议也不至于成为当下的典型难题。事实上，若我们稍微回顾惯常交易经历便会发现，在短时间内集中面对若干格式条款时，我们往往存在着一种不自主的“选择性认知倾向”：即对其中易于察知和理解的、与交易目的联系最紧密的格式条款关注度高，而对其他陌生的、与交易目的联系较疏远的格式条款关注度明显较低。对于前者我们可能会反复琢磨，对于后者我们时常一掠而过。此种选择性认知倾向既源自人在认识客观事物时的心理机制——厌繁好简、择主弃从，同时也源于人在进行交易时的成本压力——关注越多越深，则需要付出的时间精力成本越大。受此主客观两方面因素影响，选择性认知倾向几乎是普通相对人在面对格式条款时难以避免的行为机制。毫无疑问，此种选择性认知倾向与传统经济学“完全理性”观点及传统法经济学“理性人”观念不符，更加贴合行为经济学“有限理性”观点及行为法经济学“现实人”观念。

就行为经济学与行为法经济学的研究成果，当前已有学者有意识地在研究格式条款问题时予以援用，并获得了颇有启发的研究成效。[①]这些研究工作也进一步证明，选择性认知倾向是格式条款相对人固有

① 参见马辉．格式条款规制标准研究［J］．华东政法大学学报，2016（2）：74-93；马辉．格式条款信息规制论［J］．法学家，2014（4）：112-126.

的行为机制。值得注意的是，立足于相对人角度考量会发现，这种选择性认知倾向也并非毫无理性可言。相反，这本身是源自理性所做选择。但是当我们立足格式条款规制角度来看，这样一种行为倾向又不符合设想中的理性准则，因为其并不利于对格式条款（尤其是对使用人机会主义行为）的约束。原因在于，相对人选择性认知倾向会在现实中演化为相对人理性忽视行为，而那些因相对人基于“自身理性”而忽视的格式条款，往往成为使用人机会主义行为大行其道的地方。

3）纳入规制对格式条款关系下协作失灵应对失声

①失声之一：纳入规制受规避风险制约

在上文中沿着市场失灵这一经济学分析进路，笔者对格式条款关系下协作失灵做了较为详细的解读。到此最后需要回答的问题是，纳入规制能否完全应对格式条款关系下的协作失灵？事实上，纳入规制难以胜任这一重任。

首先前述三种假设缺位是现实市场中的常态，由此决定了使用人机会主义行为时常具有强烈心理诱因。在逐利性驱使下，绝大多数使用人都有做出机会主义行为的强烈冲动。如此一来，虽然纳入规制机制对其引入格式条款设置了相应约束规则，但如何规避这些规则的适用始终是使用人努力追求的目标。因此可以说只要身处格式条款关系下，使用人就始终具有规避纳入规制规则的积极动因。事实上，早先美国学者在批判本国所采用的“意外性条款排除技巧”等司法控制技巧时也认识到了这一问题，就此卢埃林曾指出：“这些传统的技术至少在表面上与公平与否的问题无关，并且所有这些技术都可能被聪明的合同起草人员所规避。”[①]换言之，“拐弯抹角的手段从来不能成为

① 范斯沃思．美国合同法［M］．葛云松，丁春艳，译．北京：中国政法大学出版社，2004：300.

可靠的手段”。[①]而比之于使用人对纳入规制规则的积极回避，相对人的消极回避对纳入规制机制的作用发挥削弱作用更明显。正如上文已经指出的，绝大数时候“选择性认识倾向”是相对人固有的行为机理，由此决定了其在绝大多数时候都会做出理性忽视行为。诚然出于对相对人自身理性的考虑，对其行为并不适合进行过多抨击。但出于对纳入规制机制功能发挥的考虑，相对人此种行为确实与法律期待背道而驰：即使法律通过提示说明义务规则、意外性条款排除规则等纳入规制规则向相对人提供保护，但是相对人往往在那些陌生的、与交易目的关联较弱的格式条款上反应冷漠。即使使用人遵守了这些规则，但相对人或者因自身认知能力不足，或者因自己兴趣索然，其关注度都不会有太大提升。总之，在自身心理机制与外在交易成本双重影响下，虽然纳入规制规则试图为相对人提供倾斜保护，但自身却对此种保护持有一种消极回应态度。这一现实或许在那些显著易懂的、与交易目的关联紧密的格式条款上表现不突出，但在那些陌生的、与交易目的关联疏远的格式条款上则甚为常见。就后一种格式条款规制而言，正如有研究者已指出的：“认知心理造成的忽略意味着过于严苛的信息义务是不经济的，且在接受方不阅读条款的情形下市场合意不仅无从实现，还可能制造出合意成就与条款公平的假象，导致信息义务欲保护的对象反受其害，因而对附随给付条款的规制更应以实质主义进路为主。”[②]

统筹上述分析可知，受使用人机会主义行为冲击以及相对人理性忽视行为排斥制约，在现实交易中，纳入规制机制始终面临因受规避而失声的困境。当然这一困境在那些显著易懂、与交易目的关联密切的格式条款上表现不突出，例如对于价格条款、数量条款、规格条款

---

① 范斯沃思. 美国合同法［M］. 葛云松，丁春艳，译. 北京：中国政法大学出版社，2004：300.

② 马辉. 格式条款规制标准研究［J］. 华东政法大学学报，2016（2）：86.

等，使用人作出机会主义行为而规避纳入规制的动机并不强烈，同样相对人对这些条款的关注度通常很高，由此纳入规制机制在此时能够正常发挥其作用。但是在那些陌生的、与交易目的关联疏远的格式条款上，纳入规制被规避的风险会大大增加。例如，对于售后服务条款、退换货邮费条款、争议解决条款等，使用人采取机会主义行为规避纳入规制的动机十分强烈，而相对人对这些条款的关注度往往较之于前述条款显然较低，两相结合之下使得纳入规制机制失声可能性急剧提升。论及此处则有必要重提格式条款领域另外一个问题，即“格式附从条款削弱效应”，这一点在第2章讨论格式条款受限必要性时已有提及。所谓附从给付条款指的是那些与交易目的关联疏远的条款，与之相对应的是“核心给付条款”，指的是与交易目的关联密切的条款。而所谓“格式附从条款削弱效应”指使用人虽然在核心给付条款上诚实作为，但在附从给付条款方面则采取机会主义行为，由此在合同利益的总量配置层面掏空了相对人通过核心给付条款所获得的利益。也就是说在现实状况中，“顾客通常都是将其交易注意力仅仅置于核心给付方面。相反，他们不会去了解那些预先拟定的附从条款内容。而当这些附从条款的内容对顾客不利时，那么其最终可能会掏空主给付的价值。此时价格机制便受到了干扰，因为顾客对合同给付做了过高估计”。[①]由此可见，虽然纳入规制机制被规避的风险在核心给付条款与附随给付条款上存在可能性大小差异，但立足合同关系整体层面看，受“格式附从条款削弱效应”影响，最终都表现为纳入规制机制无法妥善保障相对人合法利益的结果。

②失声之二：纳入规制功效局限性

在使用人机会主义行为与相对人理性忽视行为共同作用下，纳入

① MATTEO F. Freier markt und zwingendes Vertragsrecht：Zugleich ein Beitrag zum Recht der Allgemeinen Geschäftsbedingungen［M］. Berlin：Duncker&Humblot，2013：33.

规制机制的失声除了上述第一种情形，还存在第二种表现：纳入规制功效局限性。

纳入规制功效局限性指纳入规制机制此时虽然没有被当事人规避，但其却无法实现同自由协商场合下一样的当事人意思合意结果。换言之就同一交易事项，比之于自由协商时的当事人合意结果，在格式条款关系场合下受使用人机会主义行为与相对人理性忽视行为影响，当事人所达成的合意结果于相对人而言更处于劣势。但对于这种情形，纳入规制机制却无法应对。

纳入规制机制只能促成当事人就格式条款达成程序层面合意，但却无法同时保障当事人就格式条款在内容层面达成与其在进入交易时所持目的基本相符的合意，尤其无法保障相对人能按照其在进入交易时所持目的达成合意。一方面原因在于纳入规制毕竟只是一种程序规制，其并不能影响当事人合意内容；另一方面原因在于使用人机会主义行为会惯常压制相对人进入交易时所持目的的实现，而相对人理性忽视行为会对此加以忍让（即相对人出于成本考量，在面对使用人机会主义行为所施加的压迫时，往往会基于“经济理性”而选择忽视/忍让）。基于这两方面原因，使得纳入规制机制功效存在局限性：在没有被规避的场合下，其面对因使用人机会主义行为与相对人理性忽视行为所导致的格式条款内容不公平无能为力。

可以说在现实市场环境下，使用人机会主义行为与相对人理性忽视行为都是难以完全避免的，这背后隐藏着双方的经济理性，由此导致上述格式条款内容不公平风险也极高。但当纳入规制机制本身并未被规避时，其所具有的程序规制属性也决定了它根本无法应对此种高发风险。由此可见，使用人机会主义行为与相对人理性忽视行为共同“触发”了纳入规制的上述效果局限性。如此一来，就提出了引入新规制机制的需求。

4.2.2 内容控制补位必要性解读

经上述分析可知，纳入规制机制在应对格式条款关系下协作失灵时存在应对失声可能，而这并非其自身能够克服的障碍。如此一来，必然需要在这一机制之外另寻新的规制方案，由此演绎出格式条款内容控制现实必要性。

具体而言，以上述经济分析结论启示为基础，内容控制导入必要性在法学层面可分两点予以证实：一是程序规制向内容控制转变，二是自治规制向国家控制转变。

1）程序规制向内容控制转变

在古典契约法时期，程序正义构成合同正义基础。彼时源于对契约自由极端崇拜，使得对内容实施控制成为忌讳。即使存在控制必要，其路径也主要是借由程序规控而实现内容管理。可以说程序正义是与自由资本主义精神相契合的，而程序规制亦反映了自由资本主义时期放松管制的政治诉求。

但随着自由资本主义向垄断资本主义过渡，原有的程序规制已经无法应对诸如消费者保护、劳工权益保护、格式条款滥用等新问题，甚至成为这些问题泛滥的帮凶。稍微观察程序规制的要义即可知晓，其立足根基仍在于古典经济学提出的“理性人设想”：所有人都是理性的，所有人具有大致相当的理性。在理性人设想环境下，只要程序是妥当的，那么当事人自己自然能够合理地构建相互间法律关系，此时法律仅需“拱手而治”即可。但现实情况早已证明，理性人设想是一种过于理性化的状态。在民事主体地位补偿性与互换性尚未完全分离并固化的时代、在法人制度尚未发展到极致的时代，虽然并非所有人均能达到完全理性状态，但所有人确实具有大致相当的理性，彼时适用程序规制并无太大问题。然而时过境迁，进入垄断资本主义时代后，民事主体地位补偿性与互换性早已分离并在不同当事人阵营中固化下来，法人制度也已发展到惊人地步，此时不仅不存在完全理性的人，甚至在现实环境下理性对比失衡早已成为一种常态，原有的以理性人假设为基础的程序规制日益式微。而在格式条款时代，其甚至可能演化为使用人借以滥用格式条款的工具。

而一旦承认理性人假设的崩溃，则意味着认可两种现实：一是所有人都是有限理性的现实，二是所有人都存在差异理性的现实。既然如此，在现实中总有一部分人不仅是有限理性的，而且比其他人理性更弱。在承认这一现实情况前提下，如果继续守着程序规制不放，则所谓的法律管控将演变为一种法律欺压。要避免这一结果的出现，直击合同内容的规制手段即属必要。

与程序规制不同，内容控制放弃了理性人假设。其既正视当事人有限理性现实，也正视当事人之间理性对比失衡现实，据此在主导理念上完成了契约自由向契约公平的转变：在一致性的状况下法律才会重点关注自由，而在差异性状况下法律自然应重点关注公平。因此相比于程序规制，内容控制更加侧重于对契约公平的考虑。究其原因，是内容控制放弃了理性人假设而选择了现实人观念。

就此回到格式条款问题方面来，通过上述分析可知，程序规制只是在很有限的范围内注意到了相对人有限理性现实与理性弱势现实，其因此而无法注意到使用人强烈的机会主义行为动机，也无法注意到相对人固有的选择性认知倾向，由此便无法逃避在这两种风险下被规避的命运。但内容控制不同，其正是关注到了上述现实，方才直接对条款内容加以干预，由此一种法律家长主义出现苗头。法律家长主义固然具有钳制契约自由的风险，但在格式条款关系下，在“法律慈母”的眼中，必要的内容干预不仅能补充程序规制的不足，更有助于实现一种实质性的契约自由以及现实性的契约公平。

综上所述，由程序规制向内容控制转变并非主观好恶的取舍结果，而仅仅是法律响应社会发展变迁的必然趋势。只不过这一趋势发展到格式条款时代，具有了更为突出的现实价值与更为扎实的逻辑基础而已。以上分析内容证实了一点，即内容控制对程序规制的功能补位是一种客观的法律发展路径，当这一路径推进到格式条款时代时，就归结为格式条款内容控制依据。

2）自治规制向国家控制转变

在多数时候，规制目的均在于约束行为负外部性，但进行规制的手段却大抵可以分为两种类型：一是行为人自我约束，二是国家力量干预介入。毫无疑问，在崇尚意思自治的契约法领域，行为人自我约束理所当然是首要规制方式。但若行为人不足以自我约束时，则国家力量干预介入即属必要，显然格式条款关系下协作失灵就反映了此种必要性。

在上文经济分析部分已经指出，在格式条款关系场合，使用人具有强烈机会主义行为动机，而相对人则有选择性认知固有倾向，由此寄希望于它们进行自我约束（或者说自治性管理）并不完全可靠。既然自我不足以自治，那么具有补位性质的外在干预就颇有导入价值，而这正是引入国家控制的逻辑正当性。

虽然在一个去中心化时代，国家控制已经退缩到极为有限的空间里，但其并未彻底离开社会生活大舞台。国家控制因其直接性与强力性而对一些自我规制无法处理的法律行为足具应对效果，它并不是法律上的首要规制手段，但确实是法律上的兜底规制手段。换言之，就一个完善的法律规制系统而言，仅有自治性规制机制是不够的，必要的国家控制机制仍是最后的底线保障。即使是在奉自治为圭臬的契约法领域，既然涉及了规制问题，那么这一制度设计规则依旧适用。

最后比较而言，纳入规制当属自治规制，而内容控制显然属于国家控制。理由在于，纳入规制虽然是以纳入规制规则为基础，但归根到底仍没有脱离缔约程序这一范畴，即仍旧没有脱离当事人自治范畴。在这一范畴内，纳入规制重点是引导格式条款当事人更好地自我管理，更好地自我约束以避免协作失灵。但内容控制不同，其此时根本与当事人意思无关，是针对已成既定事实的格式条款而由法律进行独立评断，并在作出否定性评价时予以控制的规制机制。在此处，法律独立判断即是国家意志的独立呈现。概括地讲，纳入规制仍旧是一种自治规制，而内容控制则是一种独立的国家控制。由此结合上述分析内容便可确知，一个完整的格式条款立法规制制度必须由纳入规制与内容控制共同构成，并且内容控制对纳入规制起着重要补位作用。

4.2.3　由导入依据论证迈向对象范畴核定

上文由经济分析着手到法学分析落脚，较为详细地探讨了内容规制导入必要性，即导入依据。借此证成了导入内容控制的合理性根据，由此在最大外延上弱化了内容控制滥用风险。①

在论证清楚内容控制导入依据后，还须清晰界定内容控制导入范畴，由此明确内容控制对意思自治的干预空间，而这对于防止滥用内容控制而言也至关重要。具体而言，即是明确格式条款内容控制的对象范畴，如此确认究竟哪些格式条款可受内容控制干预，哪些免受内容控制干预。后者划定了内容控制介入禁区，也划定了内容控制滥用风险发生区域。但现实中格式条款千千万，从正面列举可以适用内容控制机制的格式条款类型几无可能。就此恰当的分析思路是从反面归纳不可适用内容控制机制的格式条款类型，借由排除法来划定这一机制的适用外延。同时，采用排除法也能较好地呼应内容控制机制的谦

① 若根本没必要导入内容控制，则从保护意思自治角度而言，导入内容控制便属于滥用内容控制。一旦存在导入内容控制的必要性时，则对内容控制的导入便不一定就是滥用内容控制。

抑性要求，毕竟于内容控制机制的设计初衷而言，其理应涵盖两个重要性不同的侧面：首先其应能够妥善应对格式条款滥用风险，再者其也应尽可能避免过度限制合同自由。毫无疑问，反向排除法较之于正向列举法要更加契合于这一初衷。接下来将从四个方面予以讨论："基于核心给付条款与附从给付条款区别之分析"、"基于强制性规范与任意性规范区别之分析"、"基于非自然人主体核心业务与非核心业务区别分析"以及"其他具备豁免资格的格式条款类型归纳"。

4.3 条款与规范视角下内容控制对象范畴厘定

4.3.1 基于核心给付条款与附从给付条款区别分析

1）对核心给付条款豁免资格传统观点的质疑

核心给付条款与附从给付条款并非一种常见的、典型的合同条款分类，但在部分学者研究文献中偶有出现。"所谓核心给付条款，即具体的给付与对待给付的描述与确定条款（也称'法律行为要素'或'必要之点'）。"[①]核心给付条款之外即为附从给付条款。概括而言，是否描述给付与对待给付之间关系，是区分核心给付条款与附从给付条款的标准。现实交易场合下，最常见的核心给付条款当属价格条款。

依以往学者共识，当核心给付条款同时为格式条款时，其具有内容控制豁免资格。究其缘由，有学者认为："这也是出于对市场机制的尊重，即核心给付内容应当由市场机制来调节。"[②]也就是"给付

① 贺栩栩.《合同法》第40条后段（格式条款效力审查）评注［J］. 法学家，2018（6）：180.

② 解亘. 格式条款内容规制的规范体系［J］. 法学研究，2013（2）：114.

内容与价格在市场经济中由供求关系平衡和调整”。[①]由此看来，以往学者认为，在市场调控与法律干预之间，核心给付条款更加倾向于前者。如果放任对核心给付条款实施内容控制，则“与私法自治原则不相符。因此，无法通过进行内容控制对它予以审查，就如同无法回答在双务合同的双方的给付之间是否存在客观上具有同等价值关系一样”。[②]故就核心给付条款的内容而言，其主要应由市场机制进行自治性调控而非由法律施加外在干预，完全属于当事人意思自治范畴。正因如此，其理应豁免于格式条款内容控制的审查。

上述观点是以往主张将核心给付条款排除在内容控制之外的学者提出的主要论据，其从核心给付条款内容属性角度出发，并由此导向当事人意思自治这一契约法准则而加以论证，这无疑具有相当“深刻性”。但在笔者看来，前述观点并无法回答如下疑问：是否核心给付条款免受任何法律规范施加的内容控制？如果不是，其缘何又单单免受格式条款内容控制？

就前一个疑问，我国原《合同法》第52条可进行回答：“有下列情形之一的，合同无效：（一）一方以欺诈、胁迫的手段订立合同，损害国家利益；（二）恶意串通，损害国家、集体或者第三人利益；（三）以合法形式掩盖非法目的；（四）损害社会公共利益；（五）违反法律、行政法规的强制性规定。”从这一规定可知，只要合同条款内容属于上述五种情形则应属无效，在此并不因其为格式条款而例外（我国原《合同法》第40条对此还专门做了强调）。据此可知，格式条款并非可以免受任何法律方面内容控制。以此结论来审视上述学者观点即不难发现，其存在逻辑缺陷。理由在于，按照上述观点，若以

---

① 贺栩栩.《合同法》第40条后段（格式条款效力审查）评注［J］. 法学家，2018（6）：180.

② 拉伦茨. 德国民法通论［M］. 邓晓晔，邵建东，程建英，等译. 北京：法律出版社，2013：783.

格式条款内容控制机制来干预核心给付条款，将面临侵害当事人意思自治的风险，面临法律干预不当代替市场调节的风险。但上述所列原《合同法》第52条已经表明，对意思自治的保护不是合同条款免于法律上内容控制的绝对依据，即使是核心给付条款，在法定情形下也可以对其内容加以干预而认定为无效，纵使这是对核心给付条款关系下当事人意思自治的严厉制裁。因此从这一点来看，当事人意思自治并非核心给付条款免于内容控制的绝对依据。以当事人意思自治为论据证成核心给付条款的内容控制豁免资格虽十分“深刻”，但并不周延。换言之，在核心给付条款并非完全可以免受任何内容控制的现实下，上述观点并未解释清楚核心给付条款缘何得以单单免受格式条款内容控制，而这正是笔者上面提出的第二点质疑。

2）内容控制机制“补位”角色下豁免资格再思考

承接上文，笔者认为，传统观点在论证核心给付条款内容控制豁免资格时，之所以会产生前文所述逻辑缺陷，盖因其并未认识到格式条款内容控制本身特殊性，并非从格式条款内容控制自身特殊性出发来论证核心给付条款豁免资格。其一概以“当事人意思自治”为依据论证核心给付条款内容控制豁免资格，没有区分格式条款内容控制与其他法律上内容控制之间的区别，最终必然会陷入下面的疑问中：为何在有的情形下可以否定当事人意思自治而对核心给付条款进行内容控制（例如上举原《合同法》第52条的例子），但在格式条款内容控制场合下则可以借由当事人意思自治而获得豁免？笔者以为，从当事人意思自治角度论证核心给付条款在格式条款内容控制场合下的豁免资格，这一思考大方向并无问题。问题仅在于，其并未如上面指出的立足于格式条款内容控制特殊性方面来进行分析。作为一种内容控制子类型，格式条款内容控制有法律控制的一般性特征，即对合同条款内容进行法律价值层面的妥适性判断与处理；但作为一种特别的内容控制子类型，格式条款内容控制还具有自身特殊性，即它始终只是格式条款纳入规制的“补位机制”。

在上文探讨格式条款内容控制导入依据时已指出，之所以要在纳入规制机制之后还构建内容控制这道阀门，主要原因在于纳入规制存在失声可能，由此需要内容控制予以“补位”。若持这一论断探讨核心给付条款的内容控制豁免资格便会发现，其在核心给付条款场合下，纳入规制机制失声可能性微乎其微：核心给付条款同当事人主要合同目的直接相关，因此从行为心理规律角度观察不难发现，当核心给付条款同时为格式条款时，相对人对其关注度必然格外地高且会与使用人竭力博弈。既然如此，首先在核心给付条款场合下纳入规制机制被规避的风险趋近于零；其次此时使用人机会主义行为与相对人理性忽视行为发生可能性极低，由此核心给付条款出现内容不公平的风险也趋近于零（使用人通常并不会在核心给付条款上作出机会主义行为，因为这会触碰相对人交易意愿底线；与此同时相对人通常也不会在核心给付条款上作出理性忽视行为，因为这关乎其主要交易目的的实现）。概言之，在核心给付条款场合下纳入规制机制失声可能性趋近于零，那么内容控制机制“补位”可能性也趋近于零。

综上所述，核心给付条款具备格式条款内容控制豁免资格的根本原因在于，其几乎不存在纳入规制机制失声可能性，由此格式条款内容控制机制也几乎不存在“补位”可能性。这一论断的关键点在于在核心给付条款场合下，只要其已被纳入合同中，则此种纳入就必然是真实的，相对人的意思自治也必然受到保障。在主观公平观指引下，核心给付条款所包含的交易内容不存在不公平风险。既然如此，所谓格式条款内容控制即无动用之需。而反观上举原《合同法》第52条则不同，其并非格式条款纳入规制机制的“补位”机制，而是一项独立的合同法效力性强制规范，故该项规范的启用并不以纳入规制机制失声为前提。只要其自身启动条件满足，便可径行作用于适用目标。事实上，观察原《合同法》第52条不难发现，其内容点与格式条款相对人保护并无关系，其涉及的均是国家利益、集体利益、第三人利益等。因此纳入规制机制是否失声，即此时格式条款相对人是否获得了纳入规制的保护，这根本就不是原《合同法》第52条所需要考虑的问题。该条规定的存在，独立于格式条款相对人保护意旨之外，其只与国家利益、集体利益、第三人利益保护相关。有鉴于此，纳入规制机制失声与否与原《合同法》第52条的适用无任何联系，该条规定的适用不以此为前提，其只与是否存在国家利益、集体利益、第三人利益等受到不当损害相关联。

总而言之，作为纳入规制机制“补位”方案角色定位，使得格式条款内容控制机制无法适用于核心给付条款。相比之下，以原《合同法》第52条为代表的合同条款一般性内容控制机制则并非纳入规制机制“补位方案”，可适用于任何合同条款，无论其是否为格式条款，也无论其是否为核心给付条款。由此可见，角色定位差异，才是格式条款内容控制机制与原《合同法》第52条之一般性内容控制机制在核心给付条款上发生适用差异的根本原因，以往学者所提意思自治观点未触及根本。

3）域外法佐证：德国BGB第307条第3款

德国BGB第307条是一般交易条款内容控制一般性规范，依其规定：“（1）一般交易条款中的条款违反诚实信用原则，不适当地使使用人的合同相对人受不利益的，不生效力。不适当的损害，也可以基于条款不明白易懂这一情况而发生。（2）某一条款具有下列情形之一的，有疑义时，必须认为有不适当的损害：1.与所偏离的法律规定的重要的基本思想相抵触的；2.限制基于合同性质而发生的重要权利义务，致使危及合同目的达到的。（3）第1款和第2款以及第308条和

第309条，只适用于用来约定偏离或补充法律条文的规定的一般交易条款中的条款。其他条款可以依照第1款第2句结合第1款第1句而不生效力。”[①]借助此规定，德国BGB明确了核心给付条款内容控制豁免资格。

按照《德国民法典》第307条第3款第1句的规定，内容控制规则（该法第307条第1款和第2款、第308条、第309条）只适用于“用来约定偏离或补充法律条文的规定的一般交易条款中的条款”，即这些内容控制规则只适用于那些“与法律任意性规范相偏离的一般交易条款”。而事实上只有非核心给付条款才可能出现与法律任意性规范相偏离的情形，原因在于只有针对非核心给付条款，法律任意性规范才可能确立相关合意指导标准，如此方才可能发生与这些标准相偏离的情形。至于核心给付条款，由于法律任意性规范根本无法针对其确立相关合意指导标准，因此又何来违反法律任意性规范可能呢？由此来看，核心给付条款本身应免于内容控制。

最后值得注意的，依据德国BGB第307条第3款，承认核心给付条款的内容控制豁免资格亦有前提，即该核心给付条款必须首先满足“透明性要求”。

4.3.2 基于强制性规范与任意性规范区别分析

1）强制性规范与任意性规范辨析

众所周知，民法规范可被区分为强制性规范与任意性规范。这两种规范区分的核心标准在于对当事人偏离行为所持判断态度不同。其中强制性规范不允许当事人的行为对其加以偏离，由此当事人必须原原本本遵照强制性规范要求行事；而任意性规范则允许当事人行为对其加以偏离，当事人可以依据自己意愿而作出与任意性规范要求不一

① 佚名．德国民法典［M］．陈卫佐，译．北京：法律出版社，2006：101．

致的行为。

强制性规范的强制性来源于其内容的民法严肃性，即其规定的是关乎社会基本正义、市场基本秩序、国家安全等与整个社会共同体基本秩序相关的事项，由此其具有极其突出的民法严肃性，不允许任何行为人加以偏离。而任意性规范的任意性来源于其内容的民法自由性，所规定的事项与上述事项无关，由此格外强调“法无禁止即自由”的私法理念。毫无疑问，在民法领域中任意性规范的数量远多于强制性规范，这一点在格外崇尚“意思自治”的契约法领域中体现得最为典型。

应当注意到，强制性规范与任意性规范虽然存在上述显著区别，但二者之间分歧却并非如想象中巨大。至少可以说，二者并未彻底分离为两种完全“泾渭分明”的规范类型。理由在于二者在“法律精神”这一层面上是共通的。上文提到，强制性规范与任意性规范区分核心标准在于“对当事人行为偏离所持判断态度不同”，就这一标准的理解应当分两个层次展开：首先在较上层的“行为类型”层面强制性规范不允许当事人偏离，而任意性规范允许当事人偏离；其次在底层的“法律精神”层面，两种规范均不允许当事人偏离。此处“行为类型”可被理解为“手段”而“法律精神”则可被理解为“目的”，因此强制性规范既不允许当事人自由选择行为的“手段”，更不允许当事人自由选择行为的“目的”。而任意性规范不同，其允许当事人自由选择行为的“手段”，但不允许当事人自由选择行为的“目的”。那么何谓“法律精神”？这并非一个可以被完全具化的概念，其所具有的抽象性决定了对其只能从不同侧面进行描摹：它是相关法律所追求的基本意旨，也是相关法律关系发生及存续的正当性基础，同时还是相关法律关系当事人行为的终极底线……总之，它应当是相关法律自身正当性的证成依据。最典型的“法律精神”当属两种，即“公平”与“正义”。

据上文可知，强制性规范与任意性规范区分的依据在“行为类型”（手段）层面，其中前者不允许当事人自由选择，而后者允许当事人自由选择。但在“法律精神”（目的）层面，两者殊途同归且持相同观点，即无论是强制性规范还是任意性规范均不允许当事人肆意选择其行为目的，任何当事人在选择其行为目的时均需服从于“法律精神”要求。这一论断对于认识任意性规范尤其重要，其表明任意性规范只是“相对的”任意性：其只在当事人选择“行为类型”（手段）时显现出任意性，而在当事人选择欲实现目的时则显现出“法律精神”层面的强制性。就这一点，拉伦茨将其称为任意性规范的“半强制性”特征。

2）一般性内容控制与格式条款内容控制辨析

①以强制性规范为依据的一般性合同内容控制

如上文所述，强制性规范不仅在“法律精神”（目的）层面有强制性，而且在“行为类型”（目的）层面也有强制性，故强制性规范禁止当事人在行为时作出任何偏离。

但此处对强制性规范强制性特征的关注，其重点不仅在于呈现出对当事人行为所具有的拘束力，更在于指出如下要点：强制性规范具有适用普遍性与底层性。立足于契约法领域解释就是强制性规范普遍适用于其功能意旨范围内的全部合同条款，是其功能意旨范围内一切合同条款所应遵守的底层规范。由此决定在强制性规范功能意旨范围内，无论是格式条款还是非格式条款均应受强制性规范约束，这一点既毋庸置疑也无需过多解释。而进一步持此论断来思考内容控制时就会发现，以强制性规范为依据而实施的内容控制乃是一种“一般性内容控制”：以强制性规范为依据的内容控制并不只局限于对格式条款的规制，而是一般性地适用于包含特定内容的合同条款的规制。就这一论断，前文已经提到的原《合同法》第52条是为例证[①]。而正如在前文解读核心给付条款与附从给付条款区分场合下格式条款内容控制时已指出的，以原《合同法》第52条为依据的内容控制并非格式条款内容控制，原因在于以这一依据实施内容控制并不以纳入规制适用失声为前提，这与格式条款内容控制作为纳入规制“补位”的角色身份不契合。准确地讲，以原《合同法》第52条为依据实施的内容控制是合同法领域内的一般性内容控制，其普遍适用于该条规定功能意旨范围内一切合同条款，而并非单独针对格式条款而设计的规制机制。

由此来看，格式条款内容确实要受到诸如原《合同法》第52条之类的强制性规范的规制。但这并非基于其作为格式条款的身份所致，而仅仅是基于其作为合同条款的性质所致。换言之，这与格式条款这种特殊身份无关，相关强制性规范设计的初衷也并非仅仅指向格式条款。从这一角度而言，若将强制性规范界定为格式条款内容控制规则无疑极大限制了此类条款的功能，是“名实不符”。准确地讲，将其命名为“一般性内容控制”更为恰当。

既然如此，当格式条款违反强制性规范时理应属于以该强制性规范为依据的“一般性内容控制”的规制对象，而并非格式条款内容控制机制适用对象。澄清这一界分，旨在廓清格式条款内容控制机制与一般性内容控制机制之间的区别，由此更清晰地认识格式条款内容控制机制特殊性，最终为拟定出恰当格式条款内容控制规则厘清逻辑脉络。

---

① 原《合同法》第52条虽然未继续保留于《民法典》，但因其本身是《民法典》总则编第一章第三节相关民事法律行为无效情形之转述，故接下来对原《合同法》第52条的解读，也同样适用于《民法典》第497条第（一）项中“具有本法第一编第六章第三节”的分析。

②以任意性规范为依据的格式条款内容控制

就格式条款偏离情形，无非包含如下几种类型：一为与强制性规范中的“行为类型”（手段）相偏离，二为与强制性规范中的“法律精神”（目的）相偏离，三为同时与强制性规范中的“行为类型”（手段）及“法律精神”（目的）相偏离，四为与任意性规范中的“行为类型”（手段）相偏离，五为与任意性规范中的“法律精神”（目的）相偏离，六为同时与任意性规范中的“行为类型”（手段）及“法律精神”（目的）相偏离。就前三种情形，因其均属于与强制性规范相偏离，故其应受到一般性内容控制约束而根本无需进入格式条款规制制度适用范畴；就第四种情形，因其属于法律允许的当事人自由选择范畴，故其虽然与任意性规范相偏离但仍不属于格式条款内容控制对象；就第五及第六两种情形而言，因其与任意性规范相偏离故首先得以进入格式条款规制制度适用范畴，另外因其与任意性规范中“法律精神”（目的）相偏离，故其应受到格式条款内容控制机制规制。

就上述诸论断，此时值得思考的是，为何与任意性规范之法律精神相偏离的格式条款应受内容控制？就此有研究者指出：“在现代合同法中，任意性规范只有在当事人进行个别约定时才是完全任意的，允许当事人通过约定排除其适用，如果当事人采用格式条款缔约，此类规范就不再是任意的了。”[①]该观点初步揭示了任意性规范的任意性界限，即任意性规范只在当事人自由协商场合下才有任意性，一旦超出这一界限进入格式条款场域其任意性即会隐匿起来。但此观点并未解释清楚此种任意性隐匿的详细机制，其发生原因与发生过程仍不清楚。对此有研究者进一步指出：“任意法的立法意旨不是使当事人恣意将立法者所制定的法律效力废弃，而是容许当事人以其他规范来代替原来的法律规定，代替原来法律规定的规范至少应与原来之法律

① 苏号鹏. 格式合同条款研究［M］. 北京：中国人民大学出版社，2004：287.

一样对契约的公平正义加以维护，因此亦需要公平观念的严格审查。”[①]由此可见，任意性规范的任意性界限严格地讲在于其内部存在的“公平正义”：任意性规范内部所蕴含的公平正义作为一种“法律精神”（目的），圈定了当事人行为任意性边界，由此亦圈定了当事人行为对任意性规范偏离的边界。一旦超出这一边界，则任意性规范出于对其内在“法律精神”（目的）的保护，便会立刻显现出强制性。故对于格式条款而言，“使用人并不能够无任何限制地将任何所希望的条款订入到合同之内，因为在其所背离的法律规定之中，蕴含着实质性的基本思想，因此必须进行相应的正义性考量”。[②]

由此可见，任意性规范只是在“行为类型”（手段）层面具有任意性，在“法律精神”（目的）层面与强制性规范无异，此时并不允许当事人加以偏离。如此一来，任意性规范中的“法律精神”（目的）既构成了其任意性边界，同时也构成了格式条款内容控制“触发线”。当格式条款与任意性规范中的“法律精神”（目的）相偏离时，格式条款内容控制机制将会应声而动。而“从各国立法上看，对于定式合同排除适用任意性规范的现象进行强行性规制是合同法发展的基本方向，这些立法限制的主旨在于维护任意性规范的权威性和合理适用”。[③]不过更为准确地讲，这么做的根本原因在于法律对格式条款所固有的不信任，即法律始终认为格式条款关系下意思自治受到了危害，因此当出现格式条款与任意性规范中“法律精神”（目的）相偏离这样严重后果时，其不得不放弃对形式意思自治的维护而捍卫实质公平正义。但与格式条款相比，在自由磋商条款关系下，任意性规范并不会显现出此种强制性。由于经自由磋商而形成的条款是当事人自主选择的结果，因此按照主观公平观指引，此时根本不存在被认定为

① 李永军．合同法［M］．北京：法律出版社，2010：304-305.
② 杜景林．合同规范在格式条款规制上的范式作用［J］．法学，2010（7）：33.
③ 李永军．合同法［M］．北京：法律出版社，2010：305.

与任意性规范中“法律精神”（目的）相偏离的可能。此时当事人之间自由意思合意已经论证了该种条款关系下的“公平正义”，若任意性规范还以其所认为的“法律精神”（目的）来对当事人合意结果加以裁量，则无疑是一种典型的法律专制做法。故在自由磋商条款场合下，任意性规范并不会显现强制性。

由此可知，任意性规范的强制性只可能出现在格式条款关系场合中。这不仅仅只是为了维护任意性规范的权威性，更是出于法律对格式条款的不信任，是法律在认识到格式条款关系下当事人合意不充分时对实质公平正义的维护。因此任意性规范在格式关系下显现强制性的主要意旨在于向相对人提供一种倾斜保护，以防止其遭受因意思自治不充分而引致的合同内容过于不合理风险。

总而言之，基于强制性规范与任意性规范区分，唯有与任意性规范之“法律精神”（目的）相偏离的格式条款才应受内容控制机制约束。与强制性规范相偏离的格式条款以及与任意性规范之“行为类型”（手段）相偏离的格式条款，具有内容控制豁免资格。

3）域外法佐证：德国BGB第307条

综上所述，当格式条款与强制性规范相偏离时，其应当被归入“一般性内容控制”适用范畴中，此时并不属于格式条款内容控制对象。只有当格式条款与任意性规范中“法律精神”（目的）相偏离时，其才属于格式条款内容控制对象。据此可以认定，唯“与任意性规范之‘法律精神’（目的）相偏离的格式条款”方属于格式条款内容控制对象。

就上述论断，德国BGB第307条提供了重要参考与启示。德国BGB第307条规定：“（1）一般交易条款中的条款违反诚实信用原则，不适当地使使用人的合同相对人受不利益的，不生效力。不适当的损害，也可以基于条款不明白易懂这一情况而发生。（2）某一条款具有下列情形之一的，有疑义时，必须认为有不适当的损害：1.与所偏离的法律规定的重要的基本思想相抵触的；2.限制基于合同性质而发生的重要权利或义务，致使危及合同目的的达到的。（3）第1款和第2款以及第308条和第309条，只适用于用来约定偏离或补充法律条文的规定的一般交易条款中的条款。其他条款可以依照第1款第2句结合第1款第1句而不生效力。”①

就这一规定，简要解读如下：

首先，根据上述第3款第1句的规定，上述第307条第1款与第2款以及后续第308条和第309条都“只适用于用来约定偏离或补充法律条文的规定的一般交易条款中的条款”。此处所指“第307条第1款与第2款”是德国BGB中一般交易条款内容控制基本规则的主体内容，而“第308条和第309条”则为一般交易条款内容控制具体规则目录，前者为一般交易条款“灰名单”，后者为一般交易条款“黑名单”。因此按照第307条第3款的规定，德国BGB中一般交易条款内容控制规则仅可适用于“用来约定偏离或补充法律条文的规定的一般交易条款中的条款”，即内容控制规则只适用于“与任意性规范相偏离的一般交易条款”，因为只有此种一般交易条款才可能“用来约定偏离或补充法律条文的规定”。至于同强制性规范相偏离的格式条款，其会径直被其所偏离的强制性规范否定，根本就不会再有受此处BGB第307条~309条之规制的可能。因此，根据德国BGB第307条第3款第1句之规定，一般交易条款内容控制规则只适用于“与任意性规范相偏离的一般交易条款”。

其次，根据上述第307条第1款第1句的表述，一般交易条款内容控制机制启动的要件有两项：一是相关一般交易条款违反诚实信用原则，二是造成了对相对人不适当的损害。另外，根据第307条第1

① 佚名. 德国民法典［M］. 陈卫佐，译. 北京：法律出版社，2006：101.

款第2句和第2款的规定，“不适当损害”分为三种情形：一是一般交易条款违反“透明性要求”，二是一般交易条款“与所偏离的法律规定的重要的基本思想相抵触”，三是一般交易条款“限制基于合同性质而发生的重要权利或义务，致使危及合同目的的达到”。就第一种情形而言，其基本要义为当一般交易条款违反诚实信用原则而不符合“透明性要求”时，则可径直受到此处内容控制机制的规制，并因此而无效。“透明性要求”在此处是一项独立的内容控制基本规则，就此留待后文专门讨论“透明性规则”时再予详述，此处要重点讨论的是后两种情形。就第二种情形而言，构成“不适当损害”的条件是一般交易条款与其所偏离的法律规定的重要基本思想相抵触。概括而言，即一般交易条款与其所偏离的任意性规范的重要基本思想相抵触。要理解这一规定应留意如下要点：一是存在具体的任意性规范，二是一般交易条款与该任意性规范的重要基本思想相抵触。那么此处“重要基本思想”蕴意为何？就此有学者指出：“尽可能公平地考虑合同双方当事人利益的哪些规范是具有‘实质的公平正义内容的’。如果所涉及的是特殊的具体类型的合同，那么人们在理解法律规范的‘基本思想’时也应该考虑到这种合同类型的‘精神’。”[①]由此可见，此处“重要基本思想”的内涵实际上是任意性规范的“法律精神”（目的）。所谓“一般交易条款与任意性规范的重要基本思想相抵触”也指“一般交易条款与任意性规范‘法律精神’（目的）相偏离”。由此可见，德国BGB第307条第2款第1项实际上即表明，当一般交易条款与任意性规范的“法律精神”（目的）相偏离时即构成不适当损害，由此结合第1款第1句规定而应受内容控制。

最后就第三种不适当损害情形而言，其为一般交易条款的“限

---

① 拉伦茨．德国民法通论［M］．邓晓晔，邵建东，程建英，等译．北京：法律出版社，2013：794.

制合同性质而发生的重要权利或义务，致使危及合同目的的达到”。要理解此项规定，首先应当澄清其与上述第307条第2款第1项之间的关系。上文的分析已经提到，适用第307条第2款第1项来认定不适当损害时，需以“存在具体的任意性规范”为前提。唯有如此，才可能出现一般交易条款与任意性规范重要基本思想相抵触的情形，否则若连相关任意性规范都不存在，那么又遑论一般交易条款与任意性规范重要基本思想相抵触呢？但众所周知，在现实中即使任意性规范数量再庞大也无法覆盖到所有一般交易条款，即在现实中总是存在一部分（或许是大部分）一般交易条款，此时并没有任何任意性规范同其内容相关联，由此就根本不会发生一般交易条款与任意性规范重要基本思想相抵触的结果，这类一般交易条款当满足“透明性要求”时将超脱于第307条所设置的内容控制基本规则的约束。如此一来，第307条所设置的一般交易条款内容控制基本规则无疑存在巨大纰漏。有鉴于此，第307条第2款方在其第1项之后再引入“合同目的”而构成第2项规定，以此来对那些不存在对应任意性规范的一般交易条款实施内容控制，即第307条第2款第2项所指向的一般交易条款，“主要是对于那些并不属于法律规定的某种法律类型，或者仅该合同的某些方面而不是所有方面都属于法律规定的某种合同类型，因而无法求助法律规定的基本思想的合同的”。[①]概言之，对于存在相关任意性规范的一般交易条款，要依据第307条第2款第1项来认定不当损害，并进而决定是否实施内容控制；对于不存在相关任意性规范的一般交易条款，则需要依据第307条第2款第2项来认定不当损害，并由此来决定是否实施内容控制。此即这两项规定之间的关系，二者共同构成了一般交易条款不

① 拉伦茨．德国民法通论［M］．邓晓晔，邵建东，程建英，等译．北京：法律出版社，2013：795.

适当损害认定规则的完整结构，由此亦构成了一般交易条款内容控制基本规则的完整脉络。在澄清这一关系之后，接下来对第307条第2款第2项的解读即进入内涵释义步骤。比之于第307条第2款第1项的晦涩用语，第2项的表述显然更为简单易懂。按照第2项规定，判断是否成立不适当损害，依据在于此时一般交易条款是否对“基于合同性质而发生的重要权利或义务”加以限制，并因此而“危及合同目的的达到”。若是如此即构成不适当损害，且在违反诚实信用原则时应受内容控制而无效；若非如此则不构成不适当损害，由此即免于内容控制。至于何谓“基于合同性质而发生的重要权利或义务”，以及是否“危及合同目的的达到”，这有赖于个案下法官的裁量认定。可以想见这不是一项轻松的工作，因为彼时并无相关任意性规范提供指引，由此只能依靠法官的个人裁断能力。总而言之，当虽无相关任意性规范但一般交易条款限制基于合同而发生的重要权利或义务，并因此危及合同目的达到时，则依然构成不适当损害。若其同时违反诚实信用原则，即理应受第307条所设置内容控制基本规则之约束而无效。

4.4 业务与其他视角下内容控制对象范畴厘定

4.4.1 基于非自然人主体核心业务与非核心业务区别分析

1）非自然人主体核心业务与非核心业务辨析

此处非自然人指民事关系中自然人以外的民事主体，最典型当属法人。所谓非自然人主体核心业务指与非自然人主体存续目的直接相关的业务，至于非自然人主体非核心业务则指为辅助核心业务开展而从事的业务。

就任何一个非自然人主体而言，其存续必然为了实现一定目的，或者纯为特定营业活动，或者为社会公益，甚至于为政治管理等。而根据与其存续目的之间联系紧密差异，非自然主体所从事的业务也自然存在主要与次要之分。其中与其存续目的联系紧密的主要业务当为非自然人主体核心业务，开展此类业务是直接为了实现其存续目的，例如房地产开发商拍地、建房、售房业务，或者慈善组织募集善款、进行人道援助业务，又或者质量监督部门抽检产品、进行行政处罚业务等。而与自身存续目的联系疏远的次要业务即为非自然人主体非核心业务，开展此类业务主要是为了辅助自身核心业务的实施，例如购买办公用品、组织员工培训等。

虽然非自然人主体通常较自然人更理智、行动力更优，然而一旦区分了核心业务与非核心业务之后即会发现，非自然人主体往往在核心业务上具有更高的关注度、更强的磋商动机、更丰富的交易经验以及更低的成本妥协意愿（不会轻易因为成本考量而放弃磋商博弈），相比之下在非核心业务上则具有更低的关注度、更弱的磋商动机、更少的交易经验以及更高的成本妥协意愿（出于成本考量其会更容易放弃磋商博弈）。当非自然人主体之间以格式条款开展交易时，则相对人一方的核心业务与非核心业务划分会对格式条款内容控制产生如下影响：在相对人核心业务范围内使用格式条款进行交易时，该格式条款应免于内容控制；在相对人非核心业务范围内使用格式条款进行交易时，该格式条款应可受内容控制。

2）两种业务下格式条款内容控制豁免资格辨析

①核心业务下格式条款内容控制豁免资格论证

如上文所述，核心业务与非自然人主体存续目的直接相关，因此其必然具有较高的关注度、较丰富的交易信息、较强的磋商动机以及磋商实力。如此一来，格式条款纳入规制机制失声可能性趋近于零，这一点与前文已经提到的核心给付条款场合下的情形大致相仿。

属于相对人核心业务范围内的格式条款，并无进行内容控制的必要。换言之，在相对人核心业务范围内，格式条款具有内容控制豁免资格。就此论断，有研究者以企业作为格式条款相对人为例作出了解释："在那些与企业的营业活动存在直接关系的合同中，一种更为宽松的检验尺度应被采用。在此必须考虑到这种情形，即当事人在缔约时通常掌握着同样的机会去实施它们各自中意的交易条款。特别是在这样的情形下，它们也能够期待知悉敌条款的内容并同时谋求对其不中意条款进行调整。而当企业相对人虽掌握影响一般交易条款内容拟定可能性但仍然不加反对地予以服从，那么基本上其是不值得被保护的。"①

②非核心业务下格式条款内容控制可行性分析

与核心业务不同，非自然人主体在从事非核心业务时其所具有的关注度更低、交易经验更少、磋商动机更弱，由此磋商实力也往往更差。如此，当在相对人非核心业务范围内使用格式条款时，作为相对人的非自然人主体所面临的状况可能与自然人相对人所面临的状况相似，即他们在格式条款使用关系中往往处于弱势地位而具有强烈的受保护需求。

此前一则发生在意大利的案例为这一思考提供了启示："一个意大利商家为了员工的膳食而与一家自动饮料机供应商签订了买卖协议，该协议中包含了一个由供应商提出的约定管辖法院的格式条款，之后当事人双方对该条款的效力产生了争议。由该格式条款所确定的意大利法院随后向EuGH提出了如下询问，即当被裁断的合同与相对

① MATTEO F. Freier markt und zwingendes Vertragsrecht: Zugleich ein Beitrag zum Recht der Allgemeinen Geschäftsbedingungen［M］. Berlin: Duncker&Humblot, 2013: 91.

人的核心业务关系疏远时，则作为相对人的非自然人主体此时可否被视为欧盟1993年指令意义上的‘消费者’，并因此而可适用该指令？对此EuGH答复道，根据该指令Art.2 lit.b规定，其只适用于‘自然人’（Natürliche Personen），因此对该意大利商家有利的指令是被排除在适用范畴之外的。”[①]虽然在本案中EuGH基于欧盟1993年指令的明确规定而并未认可该意大利商家的“消费者”身份，但该意大利法院所提出的这一咨询本身触及了此处讨论问题的核心，即在非自然人主体相对人的非核心业务范围内使用格式条款时，非自然人主体相对人确实存在与自然人相对人相仿的受保护需求。针对此种受保护需求，仅因其作为非自然人主体的身份而拒绝给予救济似乎并不合理。

与上述意大利案例中EuGH的保守做法不同，在另外一则发生在英国的R&B Customs Brokers Ltd v.United Dominions Trust Ltd案中，审理法官作出了更为积极的裁断。原告为Bell夫妇所有及经营的出口贸易公司，该公司向被告购买的小汽车部分时候供公司营业使用，部分时候供Bell夫妇私人使用。某日，Bell女士在驾驶该汽车的过程中因汽车故障而受伤，由此起诉被告。在本案中，原被告双方就该汽车买卖是否发生于原告营业过程中发生争议。最终上诉法院认定，原告公司在本次交易中以消费者身份存在，其并非在营业过程中购买该汽车。上诉法院裁断理由在于，原告的营业内容是出口贸易而非汽车购买或销售，购车行为也并非其营业活动中的惯常举动，并非其营业活动不可分割的部分。在本案中，原被告所争议的“交易是否发生在原告营业过程中”实质上即为“交易是否发生在原告核心业务范围内”，而根据上诉法院的裁断其并非发生在原告营业过程中，由此意味着该交易并非发生在原告的核心业务范围内。以此认识为基础，上

① MATTEO F. Freier markt und zwingendes Vertragsrecht：Zugleich ein Beitrag zum Recht der Allgemeinen Geschäftsbedingungen［M］. Berlin：Duncker&Humblot，2013：91.

诉法院最终认定了原告进出口贸易公司在本次交易中以消费者身份存在，由此可获得英国1977年《不公平条款法案》庇护。

从上举英国案例裁断结果可知，当非自然人主体在其非核心业务范围内开展活动时，对其并非完全没有提供特殊保护的必要。那么当在非自然人相对人非核心业务范围内使用格式条款时，此种给予特殊保护的必要性会更强。此时非自然人主体也将面临信息不对称、动机不对称、使用人机会主义行为以及自身理性忽视行为的消极影响，这与自然人相对人面临格式条款时所遭遇的情形并无本质差别。即此时非自然人主体相对人“在其核心业务活动之外的合同关系中同消费者一样也存在受保护需求，因此需要被提供相应的严格的内容控制”。①

4.4.2 其他具备豁免资格的格式条款类型归纳

1）域外法素材考评

①德国BGB第310条第4款

《德国民法典》第310条第4款规定：“本章的规定，不适用于继承法、亲属法和公司法领域的合同，以及团体协约、企业协议和劳务协议。适用于劳动合同时，必须适当考虑劳动法上适用的特别规定；第305条第（2）款和第（3）款不予适用。团体协约、企业协议和劳务协议，视同第307条第（3）款意义上的法律规定。”②

根据上述规定，“继承法、亲属法和公司法领域的合同”被明确排除在《德国民法典》一般交易条款一章适用范畴之外，同时被排除在外的还有“团体协约、企业协议和劳务协议”。基于此，这些类型协议中的条款自不属于本章所设格式条款内容控制制度适用对象。

① MATTEO F. Freier markt und zwingendes Vertragsrecht: Zugleich ein Beitrag zum Recht der Allgemeinen Geschäftsbedingungen [M]. Berlin: Duncker&Humblot, 2013: 91.

② 佚名. 德国民法典 [M]. 陈卫佐，译. 北京：法律出版社，2006：108.

“这样规定，部分是因为立法者认为在这方面基本上不可能适用一般交易条件，部分是因为在这方面（如劳动法领域）已有其他法律规定提供足够的保护。该法律的主要适用领域是债务合同，尤其是双务合同”。[①]

因此概言之，根据德国BGB第310条第4款规定，“继承法合同条款、亲属法合同条款、公司法合同条款、团体协约条款、企业协议条款以及劳务协议条款等”均非一般交易内容控制对象。

②英国2015年消费者权益法第61条第2款、第5款以及第73条

英国2015年消费者权益法第61条第2款规定：“本编所规范之合同及通知不包含雇佣合同或学徒合同。”另外，该条第5款规定：“涉及雇佣人与受雇佣人之间权利、义务或责任的通知不受本编规范。”经由这两款规定，“雇佣合同、学徒合同及雇佣通知”被明确排除在英国2015年消费者权益法第2编适用范畴之外，如此则自然被排除在该编意旨中的不公平条款认定范畴之外。

将上述合同或通知排除在英国2015年消费者权益法第2编适用范畴之外，对此几无争议。在现代商业社会中，雇工与雇主之间存在着一定程度的人身依附关系，进而导致双方经济利益磋商地位容易向雇主一方倾斜，由此衍生出对雇工进行特别保护的法律需求。就这一点而言，似乎与消费者保护的特别需求异曲同工。但由于雇佣关系并非纯粹的物质交易关系，雇工与雇主之间的日常互动除劳动成果交换外，还会触发许多人身法方面的关系，例如雇工对雇主规章的服从义务、雇主对雇工工伤损害的赔偿责任等。故从现代世界法制共同发展进程看，构建专门劳动法部门，设置特别的劳动者权益保护机制是为主流方案。有鉴于此，雇佣合同、学徒合同及雇用通知也不在英国

① 拉伦茨．德国民法通论［M］．邓晓晔，邵建东，程建英，等译．北京：法律出版社，2013：768-769.

2015年消费者权益法第2编“不公平条款”适用范畴内，由此自然也不属于该编所设内容控制机制适用对象。

另外，英国2015年消费者权益法第73条还规定：“（1）本编不适用于有关合同条款或通知，只要其反映了：（a）强制性、法定的或监管性规定；或者（b）UK或EU作为成员的国际协议的规定或原则。（2）在上述第（1）款中，‘强制性、法定的或监管性规定’指根据法律，在当事人之间不存在相关约定时应当予以适用的规定。”就这些条款，可称其为“述法条款”，即援引或转述相关法律规定或国际协约规定内容的条款。此处所涉法律规定具体为“法律任意性规定”，国际协约具体为“英国或欧盟为成员的国际协议”。述法条款的特征在于，其虽然经由当事人拟定产生，但其内容与相关法律任意性规定或国际协约的内容基本吻合，因此往往并不存在被认定为不公平条款的可能。既然如此，其也就不存在被纳入英国2015年消费者权益法“不公平条款”一编的可能性。即使某个述法条款被质疑存在不公平性风险，此时“应受苛责”的首先应是相关法律任意性规定或国际协约，而非当事人基于对其信任而拟定的述法条款。此时问题乃是相关任意性法律规定或国际协约的“妥适性争议”，而非相关述法条款的“不公平性争议”。而对于前一问题的讨论，已非英国2015年消费者权益法第2编所能承载。因此对于述法条款而言，其天生即根本不具备被认定为不公平条款的可能性，因此也就不存在将其纳入英国2015年消费者权益法“不公平条款”一编适用范畴的可能性。既如此，其自然也不是该编所设内容控制机制的适用对象。

将述法条款排除在不公平条款规制法制适用范畴之外的做法，并非英国2015年消费者权益法所为创举。早在英国1999年条例第4条第2款即已有先例，以及更早之前的欧盟1993年指令第2条也有确认。[①]由此可见，述法条款被排除在不公平条款法制适用范畴之外已为一种共识，此处英国2015年消费者权益法第73条无非只是加以传承而已。

③欧盟1993年指令前言第10条与第13条

同样，欧盟1993年指令也明确列举了某些不可被认定为不公平条款的情形。首先根据指令前言部分第10条第2句的规定："有关就业、继承权、家庭法中的合同以及涉及成立公司或合伙的协议必须排除在本指令之外。"[②]另外，根据指令前言部分第13条第2句的规定："建立在成员国有效法律规定、基本原则或者成员国作为当事人的国际条约的基础上的合同条款，不受本指令的调整。"[③]

从上举规定可知，其第10条第2句与德国BGB第310条第4款所述"继承法、亲属法和公司法领域的合同，以及团体协约、企业协议和劳务协议"意旨相仿；而其第13条第2句与英国2015年消费者权益法第73条排除述法条款的意旨相仿。故根据欧盟1993年指令前言第10条与第13条的规定，首先"有关就业、继承权、家庭法的合同以及涉及公司成立或合伙的协议"被排除在该指令适用范畴之外，由此即不属于该指令所设内容控制机制适用对象；其次建立在成员国有效法律规定、基本原则或成员国作为当事人的国际条约的基础上的"述法条款"也被排除在该指令适用范畴之外，由此也不属于该指令所设内容控制机制的适用对象。至于排除理由，参考上文关于德国BGB及英国2015年消费者权益法相关条文的解读即可。

---

① 英国1999年条例第4条第（2）款规定："本条例不适用于如下合同条款（a）强制性、法定规定或管理规定（包括任何欧共体成员国法上规定，或者已确定在UK内生效但尚未进一步颁布的欧共体规定）；（b）欧共体成员国或欧共体为成员的国际协议的规定或原则。"欧盟1993年指令第2条规定："建立在强制性法律或行政规定以及成员国或欧共体为成员的国际协议（尤其是在运输领域）的规定或原则基础上的合同条款不受本指令规制。"

② 佚名. 欧盟债法条例与指令全集［M］. 吴越，李兆玉，李立宏，译. 北京：法律出版社，2005：67.

③ 佚名. 欧盟债法条例与指令全集［M］. 吴越，李兆玉，李立宏，译. 北京：法律出版社，2005：67.

④DCFR第Ⅱ-9：406条第1款

DCFR第Ⅱ-9：406条规定："（1）合同条款基于以下规定而拟定的，无须经过本节所规定的不公平判断：（a）相应的法律规定；（b）欧盟成员国或欧盟本身作为缔约国一方的国家公约；（c）本示范规则。"[①]此即DCFR第2编第9章第4节"不公平条款"所认定的述法条款，这些述法条款也被排除在该节适用范畴之外，由此自然也不属于该节所设内容控制机制适用对象。

从上文域外法素材考察结果可知，目前有两类合同条款即使是以格式条款形式表达，也并不属于相关格式条款内容控制机制适用对象：一种是某些特别法上的合同条款，二是述法条款。就前者而言比较典型的有劳动合同条款、家庭与继承法上合同条款、公司章程或合伙协议条款、海运合同条款等，这些合同条款要么极少以格式条款形式出现，要么纵使表现为格式条款但有相应特别法加以规范，因此不适宜通过格式条款专门法规予以一般性规制。另就述法条款而言，由于其是相关法规文件内容的直接或间接转述，因此其内容本身即有现实的法律依据作支撑。若是对述法条款内容的妥当性发生争议，那么在否定其所转述的法规文件效力之前就对其实施内容控制，则不仅是对述法条款使用人信赖利益的极端戕害，而且也将不恰当地将格式条款规制法规的效力扩张至"能对其他法律文件的效力加以否定"的状态，毫无疑问这与格式条款规制法规的私法特别法属性定位完全背离。

2）我国法律未来选择思考

经上文对域外法素材的考评已确认，"某些特别法上的合同条款"以及"述法条款"也具有格式条款内容控制豁免资格。反观我国《民

① 欧洲民法典研究组，欧盟现行私法研究组．欧洲私法的原则、定义与示范规则［M］．高圣平，等译．北京：法律出版社，2014：558.

法典》，在对格式条款进行内容控制时，并无任何此类规定。就此似乎应认为，在现行《民法典》下，所有格式条款均应受格式条款内容控制机制审查（第497条）。经上文分析可知，如此偏离了格式条款使用实践。有鉴于此，未来完善我国《民法典·合同编》格式条款内容控制机制时，要确定具体哪些“特别法上的合同条款”及“述法条款”可以被排除在格式条款内容控制对象范畴之外，甚至于被排除在未来《民法典·合同编》格式条款规制法规体系适用范畴之外。

首先就“特别法上的合同条款”而言，笔者认为至少包括如下类型条款：劳动合同条款、家事法上合同条款、公司法上合同条款以及合伙协议。其次就“述法条款”而言，笔者认为至少包括如下条款种类：一是基于有效法律规定而拟定的格式条款，[①]二是基于中华人民共和国缔结或参与的国际条约而拟定的格式条款。

还应注意的是，上述“特别法上的合同条款”与“述法条款”被排除的原因以及被排除的范围并不相同：“特别法上的合同条款”被排除的原因是其相关特别法规范更为恰当，因此被完全排除在未来《民法典·合同编》格式条款规制法规体系之外（当然这也意味着被排除在未来《民法典·合同编》格式条款内容控制之外）；而“述法条款”被排除的原因在于其不存在内容不妥适风险，但这并不意味着述法条款不会发生订入程序不当风险，因此其只能被径直排除在未来《民法典·合同编》格式条款内容控制范畴之外，而不能径直被排除在未来《民法典·合同编》格式条款规制法规体系之外，即述法条款免于格式条款纳入规制与内容控制，但不免于格式条款解释规制规则约束。鉴于此种差异，未来在完善我国《民法典·合同编》格式条款规范体系时也应区别处理：在拟定“特别法上的合同条款”排除规范

① 此处“法律”作广义解释，即同时包括法律、行政法规、地方性法规及行政规章。另外，鉴于最高院司法解释在我国的独特影响力，因而也应包括于此。

时，应添加类似“不适用于《民法典》第497条规定”之表述；而在拟定“述法条款”排除规范时，建议直接在当前《民法典》第497条补充规定“满足透明性要求的援引或者转述相关规范性文件内容的格式条款除外”。

5

格式条款内容控制分析二：体系与规则

在设计格式条款内容控制规则体系时，现今世界范围内主流做法涉及两大领域，即“格式条款内容控制基本规则”与“格式条款内容控制类型化规则”。前者旨在集中阐明本国/本地区格式条款内容控制制度一般准则，通常呈现为单一条款形式的抽象性规定，例如德国BGB第307条。后者往往借助“清单”形式，从格式条款使用实践中选取若干应受内容控制的格式条款典型情形，借此为格式条款内容控制实操提供细化指引，例如德国BGB第308~309条。有鉴于此，本书接下来对格式条款内容控制体系的探讨，也主要覆盖这两大领域。另外，要预先说明的是，“透明性规则”也是世界范围内格式条款法律规制制度经常采纳的一项手段，且多数时候被内嵌于内容控制基本规则中。鉴于透明性规则内容较为庞杂，故本书分析时将其单列出来，介于内容控制基本规则与内容控制类型化规则之间进行讨论。

5.1 内容控制基本规则探究

5.1.1 德国BGB与DCFR规范评注

1）德国BGB第307条解读

按照通常看法，德国BGB第307条即为该法上一般交易条款内容控制基本规则。其规定：“（1）一般交易条款违反诚实信用原则，使一般交易条款相对人受不适当的不利益的，应认定无效。不适当的不利益也可因条款不透明而发生。（2）对一般交易条款产生争议且该条款满足下列情形之一时，即应认定其导致了不适当的不利益：1.与其所偏离的重要的法律基本思想相抵触；或2.限制因合同性质而发生的重要权利或义务，致使危及合同目的之实现。（3）第1款和第2款以及第308条和第309条，只适用于用来约定偏离或补充法律条文的规定的一般交易条款。其他条款可以依据第1款第2句连同第1款第1句而不生效力。”[①]

本条规定包含三方面内容：内容控制基本规则基本内涵、内容控制基本规则适用指引以及内容控制机制适用范畴。

①内容控制基本规则基本内涵

依照德国BGB第307条第1款第1句的规定，“一般交易条款违反诚实信用原则，使一般交易条款相对人受不适当的不利益的，应认定无效”。此规定确定了一般交易条款内容控制基本规则的基本内涵，核心要素为“诚实信用原则+不适当不利益+无效后果”。此处要注意的是，按德国学者一贯看法，就“诚实信用原则”与“不适当不利益”而言，“这二者间的关系应该理解成‘不恰当的不利’在这里是一个特别的标准，它是‘诚实信用’这个一般原则进一步具体化”。[②]概言之，在德国BGB第307条编纂者看来，只要一般交易条款使相对人遭受了不适当不利益，即属于违反诚实信用原则情形便应受内容控制。在此处，“与诚实信用原则相违背”是一般交易条款内容控制基本原则的本质内涵（抽象标准），而“不适当不利益”是该基本原则的日常内涵（具化标准）。另外，德国BGB第307条第1款第1句还引入“无效”要素，借此明确了整个内容控制机制的法律后果，同时也为内容控制基本规则确立了落脚点。

另外需重点强调的是，并非任何对一般交易条款相对人的不利益都能达到与诚实信用原则相背离的程度，因此若仅仅将对相对人不利益认定为与诚实信用原则相背离显然不严谨。正因如此，上面德国BGB第307条第1款第1句才在不利益之前加上了“不恰当”之限定，而“不恰当”则正好与“诚实信用”对应起来，如此也才使得“不适

① 佚名．德国民法典［M］．陈卫佐，译．北京：法律出版社，2006：101．

② 拉伦茨．德国民法通论［M］．邓晓晔，邵建东，程建英，等译．北京：法律出版社，2013：793．

当不利益”能够成为“与诚实信用原则相背离”这一本质内涵的日常表达。

②内容控制基本规则适用指引

虽然“不适当不利益”比之于“与诚实信用原则相违背”更容易理解，但在一般交易条款使用实践中，“不适当不利益”的种类必然纷繁复杂，就此对“不适当不利益”的种类作必要归纳便属必要，如此可为德国BGB第307条第1款第1句的实际应用提供现实指引。有鉴于此，德国BGB第307条在其第1款第1句之后，又确立了三则“指引要素”：首先依其第1款第2句规定，当一般交易条款违反透明性要求时，即构成“不适当不利益”；其次依该条第1款第1项规定，当一般交易条款“与其所偏离的重要的法律基本思想相抵触”时，也构成“不适当不利益”；最后依该条第1款第2项规定，当一般交易条款“限制因合同性质而发生的重要权利或义务，致使危及合同目的之实现”时，亦构成“不适当不利益”。透明性要求指引要素在此确立了条款形式方面的“不适当不利益”，属于违反形式诚实信用情形；后两种指引要素则确立了条款内容方面“不适当不利益”，属于违反内容诚实信用情形。[①]借助这两方面指引要素，德国BGB第307条第1款第1句所确立的内容控制基本规则的应用难度被大大降低。

③内容控制机制适用范畴

为了划定一般交易条款内容控制机制适用范畴，以此准确界定该项机制的实际应用空间，德国BGB第307条第1款又补充规定：“第1款和第2款以及第308条和第309条，只适用于用来约定偏离或补充法律条文的规定的一般交易条款。其他条款可以依据第1款第2句连同第1款第1句而不生效力。”[②]依本款规定，德国BGB中一般交易条

① 就德国BGB第307条第（2）款第2项的内容，在上文格式条款内容控制对象下“基于强制性规范与任意性规范的区别分析”部分，笔者已有较为详细探讨。

② 佚名. 德国民法典［M］. 陈卫佐，译. 北京：法律出版社，2006：101.

款内容控制机制适用范畴可被细分为两大板块：当一般交易条款违反内容诚实信用时，内容控制机制仅适用于与任意性规范相偏离的一般交易条款；当一般交易条款违反形式诚实信用时，内容控制机制可适用任何一般交易条款。

综上所述，德国BGB第307条下一般交易条款内容控制基本规则以诚实信用为内涵本质，以“不适当不利益”为日常表述，以透明性要求及另外两项指引要素为适用指导，以无效为实际法律后果，同时还划定了具体的适用场域。因此从内容控制基本规则的条文设计思路方面看，其可被简化为“基本蕴意+适用指引+法律后果”。

2）DCFR第Ⅱ-9：403~405条解读

DCFR下不公平条款规制任务对象不限于消费者合同，还辐射到非经营者间合同及经营者间合同。这一做法背后理念与德国BGB一致，但又比德国BGB走得更远也更激进：德国BGB只是未将规制的任务对象限定于消费者合同，而DCFR则径直为消费者合同、非经营者间合同以及经营者间合同分别确立了规制规则，其依次对应DCFR第Ⅱ-9：403条、第Ⅱ-9：404条以及第Ⅱ-9：405条。

①消费者合同不公平条款内容控制基本规则

DCFR第Ⅱ-9：403条规定：“在经营者与消费者订立的合同中，某条款（未经个别磋商）由经营者提供且明显不利于消费者，有悖于诚实信用与公平交易原则的，即构成本节意义上的不公平条款。”[①]此处“明显不利于消费者”同“有悖于诚实信用与公平交易原则”之间的关系，与前述德国BGB第307条第1款第1句一样，亦属“具体—抽象”关系：按照本条规定，消费者合同中由经营者提供的未经个别磋商的条款对消费者明显不利时，即有悖于诚实信用与公平交易

① 欧洲民法典研究组，欧盟现行私法研究组．欧洲私法的原则、定义与示范规则［M］．高圣平，等译．北京：法律出版社，2014：548.

原则，如此便可被认定为不公平条款，并因此要受内容控制。此处“诚实信用与公平交易原则”是内容控制基本规则的核心，而“明显不利于消费者”是其日常表达。而且此处“明显”一词与前述德国BGB第307条第1款第1句中的“不恰当”有同样功能，即双方编纂者均不认为任何对相对人的不利益均要被认定为违反诚实信用原则或有悖于诚实信用与公平交易，唯有“不恰当”或“明显”的不利益方致如此。有赖于“不恰当”与“明显”限定要素的引入，才使得德国BGB第307条中“不恰当不利益”与DCFR第Ⅱ-9：403条中“明显不利于消费者”可成为“违反诚实信用原则”与“有悖于诚实信用与公平交易”的日常表述。

另外，DCFR还通过其他规范为前述第Ⅱ-9：403条下不公平性的判断提供了指引要素。首先第Ⅱ-9：402条第2款规定：“在经营者与消费者订立的合同中，经营者提供的条款违反了本条第（1）款所规定的明晰义务，即可认定为不公平条款。”[①]按照这一规定，若未经个别磋商条款的使用人未恰当履行透明性义务，此时也属于“明显不利于消费者”的情形，由此也将“有悖于诚实信用与公平交易原则”，并因此而成为不公平条款。其次DCFR第Ⅱ-9：407条规定：“对合同条款进行本节意义上的不公平判断时，应当考虑以下因素：第Ⅱ-9：402条（未经个别磋商条款的明晰义务）所规定的明晰义务，依合同所提供的财产或服务的性质，合同订立过程中的主要情况，合同的其他条款以及合同所依赖的其他合同的条款。（2）就第Ⅱ-9：403条（经营者与消费者订立的合同中‘不公平的含义’）而言，合同订立过程中的主要情况包括合同订立前消费者了解这些条款

① DCFR第Ⅱ-9：402条第（1）款规定：“提供未经个别磋商的条款的一方，应当以浅显易懂的语言草拟和传送这些条款。”这一规定实际上确定了未经个别磋商条款使用场合下，使用人的“透明性义务”。

的机会以及了解的程度。”[①]这一规定中所列诸考虑要素，实质上也为DCFR第Ⅱ-9：403条所述不公平性的判断提供了指引。

DCFR第Ⅱ-9：408条第1款规定：“（1）依本节规定认定的不公平条款对非提供人不具有拘束力；（2）没有该不公平条款，合同的效力仍可合理地维系的，合同的其他条款对双方当事人仍然具有拘束力。”[②]由此可知，若某条款依据DCFR第Ⅱ-9：403条被认定为不公平时则会发生“对非提供人不具有拘束力”的法律后果。

若将上述分析提到的DCFR第Ⅱ-9：403条、第Ⅱ-9：402条第2款、第Ⅱ-9：407条以及第Ⅱ-9：408条第1款统筹起来，并与德国BGB第307条加以对比即会发现如下“巧合”：德国BGB第307条第1款将“违反诚实信用原则”作为内容控制基本规则的内涵本质，而DCFR第Ⅱ-9：403条则将“有悖于诚实信用与公平交易原则”作为条款不公平性判定的根本标准；德国BGB第307条第1款将“使相对人受不适当不利益”作为“违反诚实信用原则”的日常表达，而DCFR第Ⅱ-9：403条则将“明显不利于消费者”作为“有悖于诚实信用与公平交易原则”的日常表达；德国BGB第307条第1款将“条款不明白和不易懂”作为“使相对人受不适当不利益”的一种独立情形，并因此而落入“违反诚实信用原则”的境地，且最终应受内容控制，而DCFR第Ⅱ-9：402条第2款则将“违反明晰义务”作为“明显不利于消费者”的一种独立情形，由此而落入“有悖于诚实信用与公平交易原则”的境地，并最终构成条款不公平。德国BGB第307条第2款还列举两项作为“使相对人受不适当不利益”的判定指引，由此也是“违反诚实信用原则”的判定指引，并因此最终成为内容控制

---

① 欧洲民法典研究组，欧盟现行私法研究组．欧洲私法的原则、定义与示范规则［M］．高圣平，等译．北京：法律出版社，2014：561．

② 欧洲民法典研究组，欧盟现行私法研究组．欧洲私法的原则、定义与示范规则［M］．高圣平，等译．北京：法律出版社，2014：564．

判定指引，而DCFR第Ⅱ-9：407条则通过两款规定为DCFR第Ⅱ-403条所述“不公平性”的判定提供了若干项指引；德国BGB第307条将无效确定为内容控制的法律后果，而DCFR则将“对非提供人不具有拘束力”作为条款不公平的法律后果。由此若将DCFR第Ⅱ-9：403条、第Ⅱ-9：402条第2款、第Ⅱ-9：407条以及第Ⅱ-9：408条第1款综合起来，实质上就能形成与德国BGB第307条形式甚为相似的消费者合同不公平条款内容控制基本规则：首先借助于“明显不利于消费者，有悖于诚实信用与公平交易原则”之表述，DCFR第Ⅱ-9：403条确立了不公平条款内容控制基本规则的基本意蕴；其次第Ⅱ-9：403条、第Ⅱ-9：402条第2款以及第Ⅱ-9：407条共同为理解这一基本意蕴提供了“明显不利于消费者”“违反明晰义务”“依合同所提供的财产或服务的性质”等指引；最后第Ⅱ-9：408条第1款则将“对非提供人不具有拘束力”确立为条款不公平的法律后果。

综合上述分析可知，DCFR中消费者合同不公平条款内容控制基本规则是由其第Ⅱ-9：403条、第Ⅱ-9：402条第2款、第Ⅱ-9：407条以及第Ⅱ-9：408条第1款组成的“松散体系”，且这一体系也具有“基本蕴意+适用指引+法律后果”的内容结构，由此与前述德国BGB存在趋同性。

②非经营者间合同不公平条款内容控制基本规则

DCFR第Ⅱ-9：404条规定：“非经营者之间订立的合同中，由一方当事人所提供的条款构成格式条款，且明显不利于对方当事人，有悖于诚实信用与公平交易原则的，该条款即构成本节意义上的不公平条款。”①

① 欧洲民法典研究组，欧盟现行私法研究组．欧洲私法的原则、定义与示范规则［M］．高圣平，等译．北京：法律出版社，2014：552.

将此条规定内容与上文分析提到的DCFR第Ⅱ-9：403条加以对比即可发现，两条陈述近乎完全一致，主要区别仅在于本条将不公平条款限定于“格式条款”，而第Ⅱ-9：403条则规定为“未经个别磋商条款”。就此差别，可简要解读如下：通过比较DCFR第Ⅱ-1：109条和第Ⅱ-1：110条可知，未经个别协商条款的范围要远大于格式条款，故第Ⅱ-9：403条所定义的消费者合同中不公平条款的范围要远大于第Ⅱ-9：404条所定义的非经营者合同中不公平条款范围。由此来看，第Ⅱ-9：404条所实施内容控制的范围要更狭窄一些，据此也意味着该条所实施的内容控制力度也更宽松一些。不过上述区别主要反映出上面两种规范在适用范围上的差异，并未呈现出很关键的内容控制基本规则内部要素方面的分歧。事实上，通过规范对比即可发现，除上述适用范围上的差异外，DCFR第Ⅱ-9：404条与第Ⅱ-9：403条的其他内容完全一致：两种规范均将“有悖于诚实信用与公平交易原则”作为不公平条款内涵本质，均将“明显不利于相对人（消费者/对方当事人）”作为前述内涵本质的日常表述。概言之，虽然DCFR第Ⅱ-9：404条与第Ⅱ-9：403条之间适用范围不同，但二者在内容细节上基本雷同。有鉴于此，上文关于DCFR第Ⅱ-9：403条的分析内容与结论也可参酌适用于此。

另外，上文在解读DCFR中消费者合同不公平条款内容控制基本规则时，涉及的第Ⅱ-9：407条第1款（条款不公平性考评指引要素）与第Ⅱ-9：408条第1款（条款不公平时“对非提供人不具有拘束力”法律后果）事实上还一般性地适用于非经营者间合同场合，故上文中关于这两款规定的解读内容及结论也自然可直接被援引至此。

综上所述，DCFR对非经营者间合同不公平条款内容控制基本规则体系的设计，大部分内容沿袭自消费者合同不公平条款内容控制基本规则：均呈现为由多个规范分散组成的零散体系，均以“有悖于诚实信用与公平交易原则”为内涵本质，均包含了“明显不利于相对人”这一内涵本质的日常表述，均包括相同的适用指引要素，同时均以“对非提供人不具有拘束力”为内容控制法律后果。二者主要差别仅在于适用范围方面，前者被限定于“格式条款”而后者更宽泛地适用于“未经个别磋商条款”。因此概括地讲，DCFR中非经营者间合同不公平条款内容控制基本规则更像是消费者合同不公平条款内容控制基本规则的“特别版本”。具言之，其也采用了“基本蕴意+适用指引+法律后果”的内容结构。

③经营者间合同不公平条款内容控制基本规则

DCFR第Ⅱ-9：405条规定：“在经营者之间订立的合同，由一方当事人所提供的条款构成了格式条款，且严重偏离了良好商业惯例，有悖于诚实信用与公平交易原则的，该条款即构成本节意义上的不公平条款。”[①]

将此规范与DCFR第Ⅱ-9：403条（消费者合同不公平条款）加以比较可知，二者区别主要有两点：一是适用范围不同，本条适用于“格式条款”，而第Ⅱ-9：403条更宽泛地适用于“未经个别磋商条款”；二是日常表述不同，本条为“严重偏离良好商业惯例”，而第Ⅱ-9：403条为“明显不利于消费者”。除这两点外，二者在“有悖于诚实信用与公平交易原则”方面是同样采纳的。

就第Ⅱ-9：405条而言，主要疑问在于该条为何要抛弃前述第Ⅱ-9：403条和第Ⅱ-9：404条所一贯采纳的“明显不利于相对人”要素，而选择“严重偏离了良好商业习惯”作为“有悖于诚实信用与公平交易原则”这一内涵本质的日常表达？事实上，经营者之间订立的合同大多属于商事合同，相互之间往往处于商事法律关系中。因此

① 欧洲民法典研究组，欧盟现行私法研究组. 欧洲私法的原则、定义与示范规则[M]. 高圣平，等译. 北京：法律出版社，2014：554.

对这类合同条款实施法律控制时，必然要考虑到这一领域中的“良好商业惯例”。而在许多商事活动领域中，“良好商业惯例”往往发挥着类似任意法规范乃至强行法规范的作用，其本身即是现实存在的“社会法”。可见“严重偏离良好商业惯例”这一要素的纳入，主要是立足于经营者合同常为商事合同关系这一性质所作考量：作为商事合同关系，良好商业惯例对其构建具有重大影响力，因此在判定不公平条款时无法摆脱对良好商业惯例的考虑。换言之，良好商业惯例的存在及其重大影响力，使得对经营者间合同条款不公平性的认定有别于一般民事合同（消费者合同、非经营者合同），如此在对经营者间合同中不公平条款认定时也有别于一般民事合同。而此处纳入这一要素，主要目的在于对上陈差别进行彰显与强调。由此可见，DCFR第Ⅱ-9：405条抛弃“明显不利于相对人”要素而采用“严重偏离了良好商业习惯”要素，主要是出于对经营者间合同商事属性的考量，但其作为“有悖于诚实信用与公平交易原则”日常表达的角色定位并未改变。至于何谓“良好商业习惯”，这实属“具体问题具体分析”的对象，只有在具体合同关系场合下根据所涉交易事项的实际情况加以确认。

由此可见，在设计不公平条款内容控制基本规则时，DCFR第Ⅱ-9：405条与第Ⅱ-9：403条依旧均是将“有悖于诚实信用与公平交易原则”作为各自基本规则的内涵本质。与此同时，两个规范也均为这一内涵本质确立了日常表述，差异仅在于双方各自选择的具体要素不同，前者为“严重偏离了良好商业习惯”，后者为“明显不利于消费者”。至于两个规范在适用范围方面的差异，并未影响到双方各自塑造的内容控制基本规则的内部要素，因此这一差异对双方内容控制基本规则的实质影响是微弱到可以被忽视的。故综合地看，这两个规范之间的差异性要小于相似性。

除此之外，与非经营者间合同一样，前文分析已经提到的第Ⅱ-9：407条第1款与第Ⅱ-9：408条第1款也同样一般性地适用于此处的经营者间合同不公平条款。而这两款规定也分别从指引要素与法律后果方面补充了经营者间合同不公平条款内容控制基本规则，并与前述第Ⅱ-9：405条一起共同构建起这一基本规则的内部规范体系。

综上所述，与解读非经营者间合同不公平条款内容控制基本规则时的思路一样，对此处经营者间合同不公平条款内容控制基本规则的分析也是从消费者合同不公平条款分析部分延伸而来，相关内容结论可直接从前文消费者合同不公平条款内容控制基本规则解读中直接援引。至于两种基本规则之间存在的差异，从上述分析可知并不是很大。由此可见，DCFR编纂者当初在设计经营者间合同不公平条款内容控制基本规则时，是在消费者合同不公平条款内容控制基本规则基础上，将它作为一种“特殊版本”加以构思和塑造。概言之，同样采用“基本蕴意+适用指引+法律后果”的内容结构。

④DCFR中不公平条款内容控制基本规则体系解读总结

上文就DCFR下三种不公平条款内容控制基本规则做了简要解读，比之于德国BGB，DCFR内不公平条款内容控制基本规则更为细化与复杂，这也反映出其作为一份学理文件所具有的“先锋性”与“理论性”。综合而言，就DCFR不公平条款内容控制基本规则，可总结出如下要点：首先，DCFR中不公平条款内容控制规则体系由三个板块组成，即“消费者合同不公平条款内容控制基本规则”、“非经营者间合同不公平条款内容控制基本规则”与“经营者间合同不公平条款内容控制基本规则”。其次，以上三个基本规则又以“消费者合同不公平条款内容控制基本规则”为轴心，另外两个基本规则是编纂者立足于此基本规则上所设计出的“特殊版本”。再次，以上三个基本规则均是经笔者梳理后而整合出的“规范体系”，它们均是由数个零散规范组成的松散体系。最后，以上三个基本规则均具有“基本蕴意+适用指引+法律后果”的内容结构，并且均将“有悖于诚实信用与公平交易原则”作为内涵本质，均将“对非提供方无拘束力”作为内容控制基本规则的适用法律后果。

5.1.2 域外法考察经验集萃

1）内容控制基本规则结构形态

就内容控制基本规则设计思路而言，“基本蕴意+适用指引+法律后果”已成为被普遍采用的内容控制基本规则结构形态，但在实际建构时不同法例所选择的具体方案仍有差异。

从上文域外法例考察可知，所有文件均采用了“基本蕴意+适用指引+法律后果”的内容结构，而这三个结构要素所具有的功能各不相同：“基本蕴意”反映了其所寄寓的内容控制基本规则的核心意旨，并且确定了该内容控制基本规则所秉持的根本评断标准；“适用指引”旨在为前述基本蕴意的理解与适用提供指导，如此以强化相关内容控制基本规则实际应用性；“法律后果”旨在为相关内容控制基本规则确定最终落脚点，由此现实发挥该内容控制基本规则的规制效果。由此来看，“基本蕴意+适用指引+法律后果”这一构造包括了“标准-标准使用指导-标准使用结果”三方面要素，其兼具逻辑性与实用性，确系一种较为完善的格式条款内容控制基本规则结构范式。另外，在实际组建这一内容结构时，不同法例的做法稍有差别，这主要表现为以德国BGB第307条为典型的“统一组建方式”，以及以DCFR为代表的“零散组建方式”。

2）内容控制基本规则的基本蕴意

就“基本蕴意”而言，“内涵本质+日常表达”是较为常见的陈述结构。

首先就“内涵本质”的选择而言，“诚实信用”在诸法例中采纳最为广泛。从上文考察情况来看，各法例均在确定自己的内容控制基本规则的基本蕴意时接受了“诚实信用”，只不过在具体表述时可能存在差异。例如，德国BGB第307条第1款使用“诚实信用原则”表述，而DCFR则将“诚实信用原则”扩展表述为“诚实信用与公平交易原则”。综合来看，“诚实信用”是目前域外法中采纳较为普遍的内容控制基本规则的基本蕴意。另外，就“日常表达”的选择而言，“不利于相对人”在诸法例中采纳最为广泛。当然不同的法例在具体表述时仍有差异，德国BGB第307条第1款将其表述为“使相对人受不适当不利益”，而DCFR第Ⅱ-9：403条和第Ⅱ-9：404条分别将其表述为“明显不利于消费者”和“明显不利于对方当事人”。唯一比较特殊的是DCFR第Ⅱ-9：405条，其采纳的日常表达为“严重偏离了良好商业惯例”，但这是由该条所调整的经营者间合同的商事属性所决定，而并非DCFR编纂者想要刻意改辕易辙。

3）内容控制基本规则适用指引

就“适用指引”而言，各法例具体选择差别较大。对此笔者认为，一个法案中究竟纳入哪些“适用指引”，对此应该在深入考察该法案适用区域内的格式条款使用实践后再决定。虽然确实有一些较为通用性的“适用指引”（例如“订立合同时的情形”“合同中的其他条款”等），但若要尽可能满足相关法案的实用性需求，则“适用指引”的设计基础仍主要在“本土”而不在“域外”，上述域外法例在这一点上存在的显著差异无疑证实了这一点。

4）内容控制基本规则法律后果

就“法律后果”而言，前述域外法例主要有两种规定：一是“无效”，例如德国BGB；二是“对相对人无拘束力”，例如DCFR。但在此值得注意的是，虽然DCFR采纳的是“对相对人无拘束力”，然而其实质蕴意仍为德国BGB所述“无效”：虽然规定为不公平条款对相对人无拘束力，但根据意思自治的要求，此时实际上是对双方当事人均无拘束力。因为一个仅对相对人无拘束力的合同条款，不是提出该条款的当事人（即格式条款使用人）在缔约时所持意思表示认定的条款。故如果将“对相对人无拘束力”仅认定为“只是对相对人无拘束力”，则此时是强迫格式条款使用人接受一个并非由其缔约意思所认可的合同条款，这实属对其意思自治的严重戕害。因此全面而准确地讲，此处所谓对相对人无拘束力，实质上即为对双方当事人均无拘束力。

5.1.3 我国法未来方案构思

目前在我国《民法典》中不存在格式条款内容控制基本规则，该法第497条最多也只可能被视为下文将要分析到的“内容控制类型化规则”。至于《民法典》第496条第2款，其引入“公平原则”虽然可能被看作一种基本蕴意，但该条并没有规定一方未遵循“公平原则确定当事人之间的权利和义务”时的法律后果，因而也不算是完整的基本规则。该款规定将“提供格式条款的一方应当遵循公平原则确定当事人之间的权利义和义务”与“采取合理的方式提请对方注意免除或者限制其责任的条款”混合在一起，由此根本无法断言究竟是纳入规制规则还是内容控制规则。在笔者看来，这更多只是一种“宣示性条款”，其主要还是在传递一种法律上的“号召”。

以上文域外法经验考察为基础，笔者接下来就未来我国格式条款内容控制基本规则的设计提供一些构想，以此作为本部分研究落脚点。

1）统一式“基本蕴意+适用指引+法律后果”结构

从上文考察经验看，“基本蕴意+适用指引+法律后果”是当前内容控制基本规则最常见的结构形式。其同时包括“标准-标准使用指导-标准使用结果”三方面要素，兼具逻辑性与实用性，确实为一种较为完善的格式条款内容控制基本规则结构范式。在未来完善我国格式条款内容控制基本规则时，笔者认为其可为首要选项。

除此之外，在具体组织上述格式条款内容控制基本规则结构时，笔者认为应当借鉴德国BGB第307条的“统一式”做法，即尽可能以一个条文（可包含多款、项）加以统筹。这么做的好处在于保证了格式条款内容控制基本规则结构紧凑，同时便于认清“基本蕴意”、“适用指引”以及“法律后果”等要素之间的关系，如此有利于对这一基本规则的理解与适用。

2）暂不以合同类型为内容控制板块划分标准

对消费者合同之外的合同中的格式条款，主流观点是认可有进行规制的必要与空间，但究竟应该如何进行规制却难以提出有说服力的方案。我国《民法典》目前也没有将格式条款限定于消费者合同场合，由此可见我国《民法典》是将所有格式条款类型一概包括在自身规范之下。

比之于消费者合同关系，在非经营者间合同关系与经营者合同关系中，双方当事人间的“差异性”通常并不十分鲜明，这便为当事人之间进行自治性管理保留了更大余地。因此是否存在相对人保护需求、其保护需求是否需要通过外在干预加以保障以及外在干预的限度在哪里，这是在对非经营者间合同关系以及经营者间合同关系中格式条款实施内容控制前所要考虑的问题。笔者认为要弄清楚这些问题，需要长期、大量的司法实践经验积累，并以此为基础来提炼出相关理论要点，如此才有可能拟制出契合我国经济生活实际的非经营者间合同关系与经营者间合同关系中格式条款内容控制基本规则。在做足这方面工作之前，立法上不宜冒进求成，当前这种不以合同类型为标准来划分格式条款内容控制板块的做法应当继续传承。上文分析提到的DCFR的划分做法虽然提供了有益参考，但考察大多数具有现实效力的法例后不难发现，这依旧只是十分“小众”的做法。有鉴于此，我国未来在完善格式条款内容控制基本规则时，也暂不适合区分不同合同类型而细化出不同内容控制子规则。

3）由“公平原则”向“诚实信用原则”转变

从上文考察经验看，“诚实信用原则”是当前域外法例中采纳最为普遍的内容控制基本规则内涵本质，且通常表述为“违反诚实信用原则”。

诚实信用内涵虽十分抽象，使得在对诚实信用原则进行具象化时困难重重，但同时也保障了这一原则适用性方面的极大张力。眼下诚实信用原则隐隐有纵横不同法域并辐射不同民法子领域的趋势，即使是在历来反感法律抽象性的英美法系，这一原则也逐渐获得了一定话语权。

我国《民法典》第497条并没有纳入任何原则性内容来确定格式条款内容控制基本规则的内涵本质，如此使得该条始终缺乏一种根本评断标准，由此极大约束了该条的适用范围与解释力度。随着格式条款使用范围的扩张及频率的激增，当前这种“列举式”的做法将很难适应未来格式条款内容控制需求。至少在欠缺根本评断标准的情况下，格式条款使用人随着自身使用经验的增加，其机会主义行为将越来越容易在《民法典》第497条所列举的情形之外寻找到格式条款滥用空间。有鉴于此，我国未来完善格式条款内容控制基本规则时，一个重要议题即是要寻找到契合我国格式条款法律规制制度的“根本评断标准”。值得注意的是，在我国《民法典》第496条第2款中出现了“公平原则”，但这一原则指向的是格式条款内容，因此被放在作为纳入规制规则的第496条第2款中有待商榷。那么其是否可被移入到未来格式条款内容控制基本规则中，并因此作为内容控制基本规则的内涵本质呢？笔者认为较之于“公平原则”，“诚实信用原则”更适宜担当这一角色。首先如上所述，“诚实信用原则”是域外法中被普遍采纳的内容控制基本规则内涵本质，因此接受这一原则更有利于我国格式条款内容控制制度与外部世界的对话。其次经过几十年大陆法传统熏陶，“诚实信用原则”无论是在我国民法理论层面、民法教学层面还是民法法律层面，比之于“公平原则”都具有更加鲜明的“民法色彩”，因此选择它作为未来格式条款内容控制基本规则的内涵本质，无疑更有利于彰显这一基本规则的民法属性。[①]最后诚实信用的内涵张力大于公平原则，违反“公平原则”必然违反诚实信用，反之则不一定。故选择“诚实信用原则”，也更有能力应对纷繁复杂与持续变化的格式条款使用实践。

综上所述，比之于“公平原则”，“诚实信用原则”更适合作为格式条款内容控制基本规则内涵本质。有鉴于此，建议未来我国完善格式条款内容控制基本规则时将“诚实信用原则”纳入其中，并且可具体表述为“违反诚实信用原则”、“有悖于诚实信用原则”与“诚实信用原则”相偏离等。

4）“不适当不利益”之日常表述

经上文域外法经验考察可知，诸文本在确定各自内容控制基本规则的内涵本质后，通常还会为其确立一则日常表述，以此弱化其理解难度。例如在“诚实信用原则”这一内涵本质之后，通常还引入相应的日常表述，以此不仅为理解“诚实信用原则”提供现实指导，而且

① 公平通常是民法原则（例如《民法总则》第六条），但其也被作为一种法治理念而普遍适用于宪法、行政法、经济法等部门法中，有时在纯粹的法学原理研究中也可见其身影。由此可见，公平原则实际上是一项适用甚为广泛的原则，由此也削弱了其在具体法律部门或学科下的特殊色彩。相比而言，诚实信用原则主要是在民法领域内被使用，而且正如上文所言其在这一领域内已经获得了极高的地位，并且在现实理论研究、课堂教学以及法律编纂时其都是被重点关注的对象，由此来看比之于公平原则它无疑具有更加突出的“民法色彩”。

也为整个内容控制基本规则的适用提供具体权衡坐标。

在未来设计我国格式条款内容控制基本规则时，在引入“与诚实信用原则相背离”这一内涵本质之余，另行导入相应的日常表述确属必要。具体而言，德国BGB第307条第1款第1句所采用的“不适当不利益”值得考虑。

5）适用指引要素

从上文域外法考察情况看，为内容控制基本规则的实际使用确立相关指引要素，是一种比较常见的做法。而值得注意的是，虽然都具有指导功效，但前述“日常表达”与此处“适用指引要素”所扮演的角色并不相同：“日常表达”实质上是对内容控制基本规则内涵本质的具化表述，旨在以一种更加易懂的、实际的、便于查知的方式呈现出内涵本质的核心内容，因此它的功能主要在于“法律解释”方面，即重在指导“理解”。而其他指引要素旨在为内容控制基本规则内涵本质的适用提供指导，因此它的功能主要在于“法律适用”方面，即重在指导“使用”。概言之，“日常表达”协助相关主体理解内容控制基本规则的内涵本质，由此明确该内涵本质所确定的内容控制根本评断标准，故其属于“授之以器”。而适用指引要素协助相关主体应如何适用该内容控制基本规则以进行条款公平性评断，是指导其如何使用该内容控制根本评断标准，故其属于“授之以技”。为了尽可能准确地呈现内容控制基本规则内涵本质之蕴意，同时为了保证根本评断标准的特定性，“日常表达”往往是单一的。而为了尽可能保证相关主体准确、恰当地使用内容控制基本规则内涵本质所确定的根本评断标准，适用指引要素往往是多元且开放的。

就具体适用指引要素的选择，参酌域外法例做法后笔者认为以下选项可兹备选：（1）条款透明性；（2）合同标的的属性；（3）影响相对人接受条款的缔约时情事；（4）相对人的合同目的；（5）合同中其他相关条款以及与该合同缔结有关的其他合同等。当然这些适用指引要素既未穷尽所有也非固定不变，随着我国未来格式条款内容控制实践经验的丰富，还可加以增删调整。

6)“相对人予以追认”法律后果

笔者考察部分域外法例后发现，格式条款内容控制法律后果主要有两种：一是“无效情形”（德国BGB以及DCFR），二是“对相对人无拘束力但有效力恢复可能情形”（英国2015年消费者权益法）。

我国原《合同法》第40条将格式条款内容控制基本规则的法律后果规定为“无效”，同时《民法典》第497条仍然继承了这一规定。而就前述原《合同法》第40条中“无效”法律后果的弊端，以往学者指出：“合同自由原则是调整格式条款问题的一个最重要的指针。但第40条却不问情由一概规定无效，看上去是在保护非提供方的利益，实则取消了非提供方在某些情形下的选择自由……因此，第40条存在的最大问题便是替代了非提供方，完全取消了非提供方决定自己利益的自由。”[①]这一观点反映了“无效”法律后果的专断性，其虽然以最为严厉的手段来约束格式条款使用人，但这一手段却也可能同时伤害到格式条款相对人，因为其剥夺了相对人的选择自由，没有给相对人表达自己自治意思保留机会。鉴于原《合同法》第40条在法律后果方面所存在的上述专断性弊端，以往有学者主张纳入“可变更、可撤销”予以调和。例如此前有学者提出：“《合同法》第40条规定的目的在于充分保障相对人特别是广大消费者利益，该条并没有绝对排斥相对人请求变更和撤销格式条款的权利，因为如果格式条款是不公平、不合理的，消费者不愿意宣告该格式条款无效而愿意变更该条款内容，从保护消费者利益出发，则应当允许消费者提出这一请

① 周清林．论格式免责条款的效力层次——兼谈《合同法》及其司法解释之间的矛盾及其协调［J］．现代法学，2011（4）：189.

求。”[①]另外，还有学者进一步建议：“如果上述格式条款只是‘加重对方责任’的显失公平条款，即应按照可变更、可撤销来对待。”[②]那么这些“可变更、可撤销”主张是否适当？

首先就“可变更”主张而言，笔者认为不适当。就此要注意到自2017年10月1日《民法总则》生效后，《民法总则》已经将“可变更”这种法律行为瑕疵后果彻底摒弃。如今《民法总则》第147条（重大误解）、第148条（欺诈）、第149条（第三方欺诈）、第150条（胁迫）和第151条（显失公平）均只规定为“有权请求人民法院或者仲裁机构予以撤销”。这意味着“可变更”法律后果已完全被我国民事法律制度所抛弃。那么“可变更”为何会被排除在我国民事法律行为制度之外呢？笔者认为是“可变更”与民法意思自治准则根本抵触：根据意思自治要求，任何人均不得受非由其意思生成的民事法律关系的束缚。而“可变更”实质上是允许原先受不利益的当事人根据单方意思来重新生成一个民事法律关系，虽然在实践中其需要请求法院或仲裁机构实施变更行为，但终究被变更后的民事法律关系是完全建立在原受不利益当事人的单方意思上的，而此时其相对人却还要受此经变更而成的新的民事法律关系的束缚。在此场合下，从原受不利益当事人的相对人角度来看，这无疑是对其意思自治的严重戕害。概言之，“可变更”不适宜作为内容控制基本规则法律后果。

另外就“可撤销”而言，笔者认为其有一定可取性但却不是最佳选择。虽然其赋予了格式条款相对人选择权，同时也不至于对使用人意思自治造成严重戕害，但略加考虑就会发现，将“可撤销”作为格式条款内容控制基本规则的法律后果存在如下瑕疵：可撤销法律行为在被撤销之前若非附条件、附期限生效情形，则其成立即生效。这也

---

① 王利明. 合同法研究（第一卷）[M]. 北京：中国人民大学出版社，2015：404.
② 周清林. 论格式免责条款的效力层次——兼谈《合同法》及其司法解释之间的矛盾及其协调[J]. 现代法学，2011（4）：192.

意味着相关不公平格式条款在被撤销前，其对相对人是有完全拘束力的，而这很有可能诱发使用人的机会主义行为。[①]另外撤销决定需请求法院或仲裁机关作出，故这也会现实增加格式条款相对人寻求救济的成本，提高其获得救济的门槛。由此来看，“可撤销”比之于“无效”和“可变更”虽然更佳，但仍非最佳选择。

据上文分析可知，以往学者提出的在原《合同法》第40条中纳入“可变更”法律后果主张完全不可取，纳入“可撤销”法律后果的主张仍有瑕疵，故均不适合作为未来我国格式条款内容控制基本规则的应选选项。相比而言，英国2015年消费者权益法第62条所采纳的“相对人予以追认”法律后果值得借鉴。

英国2015年消费者权益法第1款规定：“消费者合同中的不公平条款对消费者无拘束力。”同时第3款又规定：“当消费者选择适用上述条款或通知时，则上述规范不予禁止。”由此可见，依据英国2015年消费者权益法第62条的规定，消费者合同中不公平条款之法律后果可被概述如下：消费者合同中不公平条款对消费者无拘束力，但消费者选择适用时除外。对此应从如下两方面加以理解：一方面，前半段所述“对消费者无拘束力”实质是“对双方当事人均无拘束力”，作此表述系为强调对相对人的保护。另一方面，此种无拘束力状态可因消费者赞同适用主张归于消弭，进而使争议条款恢复效力。由此可见，“对相对人无拘束力”并不是要绝对性地否定争议条款的效力，而只是将效力“冻结”起来而给予相对人进行抉择的机会，由此也为争议条款效力恢复保留了一线生机——当相对人予以认可时，争议条款依旧对双方当事人有拘束力。

进一步讲，若采纳英国式“相对人予以追认”法律后果，则至

---

① 既然不是一成立即无效，那么使用人就很有可能费尽心机将不公平的格式条款订入合同中。至少对他而言，在该条款没有被撤销之前都可以是用来压制相对人的工具。

少有如下优势：首先通过追认权的引入，缓和了德国式“无效”法律后果的严苛性，使得格式条款内容控制基本规则由惩罚规范转化为救济规范，由此将内容控制制度的基本意旨界定为“相对人救济”而非“使用人惩罚”。其次相对人追认的现实门槛要低于撤销，环顾我国整个民事法律制度，追认权的行使通常只需以通知作出即可，无需借助法院或仲裁机关的协助，因此其实现门槛显著低于撤销。最后在相对人追认之前，该争议格式条款对双方当事人均无拘束力，由此也不存在侵害使用人意思自治风险。有鉴于此，笔者认为在未来设计我国格式条款内容控制基本规则时，应采用“相对人予以追认”法律后果。此外，就这一法律后果的细节构思，笔者认为还应考虑以下几方面内容。

首先就相对人追认权的行使，应当设置明确的除斥期间，以防止因相对人久拖不决带来的交易不稳定风险。具体来讲，该期间不应较《民法总则》第145条及第171条所规定的“一个月”更长，并且应当以合同成立为起算点。理由在于，此时追认权是直接由相对人来行使，比起《民法总则》第145条和第171条由第三人行使，相对人行使追认权的便利性显然更高，因此出于促进交易迅速开展的目的，此时不应设置比前两条所规定的“一个月”更长的追认期间。

其次与上面所举《民法总则》第145条和第171条规定不同，在格式条款内容控制场合下，在相对人进行追认之前使用人一律不享有撤销权。因为在此种场合下，使用人提出的格式条款本身即是违反诚实信用原则的，故其具有一定“恶意”。既如此便没有赋予其撤销权的理由，由此若是赋予其撤销权则无异于是对相对人追认权的一种不当限制，与格式条款内容控制基本规则保护相对人的立意不契合。

最后当相对人拒绝追认或在追认期间内未作表示而使得争议格式条款确定无效时，即使该格式条款无效会影响到合同其他部分的效力，此时合同其他部分也仍应继续有效，除非此时其他部分事实上无法继续履行或维持其效力将导致使用人受重大不公平或使相对人受不公平。我国《民法总则》第56条规定："民事法行为部分无效，不影响其他部分效力的，其他部分仍然有效。"概言之，若合同部分无效但不影响其他部分效力时，则其他部分继续有效；若合同部分无效且影响其他部分效力时，则其他部分理应同归于无效。通常情况下这一规则并不会引发什么疑惑，然而一旦适用于格式条款场合下时即会导致如下困惑：在争议格式条款无效结果会影响到合同其他部分效力的情形下，当相对人本意是要拒绝追认时，则上述规则的适用将使得相对人陷入一种两难境地中。一方面其希望通过拒绝追认而使得该争议格式条款确定不生效力，另一方面其又希望合同其他受影响部分能继续维持有效。显然在这种情形下，格式条款内容控制基本规则对相对人的保护功效将受到上述规则的极大限制。此时相对人可能会为了维持合同其他受影响部分的效力，而"无奈"地对争议格式条款加以追认。在这种情形下，相对人实际上处于被上述规则"挟持"的境况中，意在为其提供特别保护的格式条款内容控制机制的功效也将大打折扣。有鉴于此，上述规则应作适当调整，即：虽然争议格式条款无效会影响到其他部分的效力，但当相对人拒绝追认或在追认期间内未作表示而使得争议格式条款确定无效时，合同其他受影响部分仍然有效。当然上述观点也并非要被绝对地加以遵守，笔者认为在如下两种情形下，受影响的合同其他部分将依上文所述一般规则而同时归于无效：一是当争议格式条款因相对人拒绝追认或在追认期间内未作表示而确定不生效力，受影响的合同其他部分即使继续有效也实际上无法继续履行；二是当争议格式条款因相对人拒绝追认或在追认期间内未作表示而确定不生效力，受影响的合同其他部分维持效力将导致使用人受重大不公平或使相对人受不公平。

5.2 透明性规则探究

笔者在上文分析中数次涉及“透明性”一词，其基本含义为“合同条款明白易懂”。其在域外法中的典型适用场合主要有两个：一是规定核心给付条款的内容控制豁免资格时，其通常被作为该资格获得的前提条件；二是在规定格式条款内容控制基本规则时，其有时被作为一项重要的、独立的指引要素。前者如欧盟1993年指令第4条第2款、英国2015年消费者权益法第62条第1款与第2款以及DCFR第Ⅱ-9：406条第2款等，后者如德国BGB第307条第1款。

从上述归纳结论看，透明性规则主要侧重于格式条款内容控制研究方面，且往往与内容控制基本规则相关。但考虑到其内容体量较大，故在完成内容控制基本规则主体讨论之后，随之再进行单独的专题研究更为妥当。但严格地讲，其仍属于内容控制基本规则研究内容。

5.2.1 域外法素材梳理与解读

1）德国BGB第307条第1款

德国BGB第307条第1款规定：“一般交易条款中的条款违反诚实信用原则，不适当地使使用人的合同相对人受不利益的，不生效力。不适当的损害，也可以基于条款不明白易懂这一情况而发生。”[①]此即德国法中的透明性规则。

事实上，在“2002年之前，德国立法者认为没有必要要求透明

① 佚名. 德国民法典［M］. 陈卫佐，译. 北京：法律出版社，2006：101.

性，因为AGB-B（《一般交易条款法》）第9条（现在德国民法典第307条）已经对此进行了考虑。比如，在1989年的一个案件中，法院认为，根据AGB-B第9条，一些条款因为缺乏透明性而无效，这一点独立于它们在实际上是否公平”。[①]但随着欧盟私法一体化进程的推进，尤其是随着欧盟1993年指令的颁行，最终透明性规则还是在德国2002债法现代化改革浪潮中被引入该国民法典中，即上述德国BGB第307条第1款第2句之规定。按照这一规定，透明性规则的基本内涵为“条款明白易懂”。

就德国BGB第307条第1款中的透明性规则，值得注意的是其是被嵌入德国一般交易条款内容控制机制中，由此作为一项独立的内容控制子规则而存在。就这一论断，只需要简单阅读上述BGB第307条第1款即可获知。

2）欧盟1993年指令第5条

欧盟1993年指令第5条规定：“如果向消费者发出要约的所有或部分合同条款是书面的，则必须总是使用明白易懂的语言。如果对条款的含义存在疑问，应当采用对消费者最有利的解释。本解释规则不适用于本指令第7条第2款的程序。”[②]根据这一规定，当一个未经个别协商的条款被以书面形式向消费者传递时，则其语言必须“明白易懂”（plain，intelligible language），此即透明性规则的基本表述。值得注意的是，欧盟1993年指令当初在确立这一规则时仅限于“以书面形式”表述的未经个别协商条款。作出这一限定的原因在于，当初欧盟1993年指令第5条“假设非协商条款将只能是或者主要是书面的，反之口头条款只会在磋商时产生”。[③]但考虑到未经个别协商条

① 张良．不公平合同条款的法律规制［D］．武汉：武汉大学，2011.

② 佚名．欧盟债法条例与指令全集［M］．吴越，李兆玉，李立宏，译．北京：法律出版社，2005：70.

③ 欧洲民法典研究组，欧盟现行私法研究组．欧洲私法的原则、定义与示范规则［M］．高圣平，等译．北京：法律出版社，2014：546.

款并非不可能产生于口头，且口头表述条款更难记忆和反复揣摩，故而作出这一限制似乎存在纰漏。事实上，从后来其他诸多法案文件的做法看，大多都抛弃了这一限制做法。

另外值得注意的是，在欧盟1993年指令中透明性规则被与“最有利于消费者”这一解释规则捆绑一起而共同构成该指令第5条。如此一来不得不产生此种疑问，即此处透明性规则与最有利于消费者解释规则之间究竟存在着何种逻辑关系？对此笔者认为，此处透明性规则是最有利于消费者解释规则的适用前提，而最有利于消费者解释规则是透明性规则被违反时的法律后果。就这一论断有如下两点理由可为支持：

首先，上述两种规则所关注的要点一致，均为“未经个别协商条款含义明晰问题”。只不过透明性规则乃是从正面要求未经个别协商条款使用人应积极主动地明晰条款内容，即上述规定所言“必须总是使用明白易懂的语言”；而最有利于消费者解释规则则是从反面要求在条款不透明时作出对消费者最有利的解释（彼时对消费者最有利的解释往往意味着对条款使用人最不利的解释）。

其次，透明性规则重点关注的是“条款明晰义务”，而对消费者最有利解释规则重点关注的是“条款明晰义务被违反结果”，两者唯有统筹起来才得以构成完整的“条款明晰义务规范”。若将二者分离开来将导致的一个重大瑕疵，即透明性规则因缺乏相应法律后果而沦为一种“法律号召”，由此其适用效果几乎消失殆尽。而引入最有利于消费者解释规则，则可以有效补足透明性规则的“拘束力”，二者彼此衔接便得以形成一个较为完整的“法律义务+法律后果”形式的条款含义明晰规范。

综上所述，在欧盟1993年指令中，透明性规则是作为最有利于消费者解释规则的适用前提而存在，相应地后者是透明性规则被违反时的法律后果。故就此处透明性规则探讨而言，可以顺势得出如下重要论断，即在欧盟1993年指令中，透明性规既非纳入规制规则亦非内容控制规则，而是偏向于条款解释的规则。

3）英国2015年消费者权益法第68条

英国2015年消费者权益法第68条规定：“（1）营业人必须确保消费者合同中的书面条款或者书面消费者通知是透明的；（2）根据上述第（1）款旨意，若消费者合同或通知条款系以清晰易懂的语言表达，并且易于阅读即是透明的。”在此处英国延续了欧盟1993年指令的做法，将透明性规则的适用继续限定于书面条款。

就英国2015年消费者权益法第68条的规定，首先值得注意的是从其条文表述内容中无法捕捉到任何与“法律后果”有关的内容，即此时透明性规则在条文表述层面仅仅呈现为一种“法律号召”，这不仅有别于前述欧盟1993年指令第5条规定，也有别于德国BGB第307条第1款规定。但透明性规则在英国的实际应用情况却并非单单如此，正如有研究者经考察后指出的：“英国法院传统上厌恶标准格式合同中的小字体和不清楚的起草，这导致这样的透明性要求，即必须以合理的方法提请顾客注意苛刻条款；而根据1977年的《不公平合同条款法》（UCTA），条款的性质、大小、位置及其清晰度都与合理性有关……OFT认为，仅仅条款不明白易懂就可能使其成为不公平，因为违反透明性要求自身就会以误导或者混淆的方式损害消费者。法律委员会甚至建议，透明性因素应当明确纳入公平性的评价。”[①]由此可见，英国传统实践更倾向于德国法观点，而将违反透明性规则的法律后果径直导向条款内容控制方面：在德国被导向现今BGB第307条第1款，在英国则历来被导向条款公平性考量方面。

最后还值得注意的一点是，此处英国法在解释“透明性”时不仅

① 张良．不公平合同条款的法律规制［D］．武汉：武汉大学，2011.

强调了“以清晰易懂的语言表达”（这与上述欧盟1993年指令第5条及德国BGB第307条第1款表述一致），而且还另行添加了“易于阅读”要求（此非上述欧盟指令及德国法对透明性进行表述时的内容）。从表述逻辑上看，既然已经对语言表述提出了“清晰易懂”的要求，那么此处“易于阅读”则针对的并不是语言表达，否则就属于同义反复，是明显的立法累赘。既然如此，此处“易于阅读”或许被解释为“易于查知”更为恰当。概言之，按照英国2015年消费者权益法第68条的规定，条款透明性由两方面要素组成，即“语言表达清晰易懂”和“条款设置易于查知”。而当“条款设置难以查知”时，则事实上即构成了前文所述的“形式意外性条款”。因此可以说，英国2015年消费者权益法第68条所述透明性规则不仅包含了欧盟1993年指令及德国BGB所使用的透明性规则内容，而且在此之外还包括了“形式意外性条款”要素，这也是其比较特殊的一点。

4）DCFR第Ⅱ-9：402条

DCFR第Ⅱ-9：402条规定：“（1）提供未经个别磋商的条款的一方，应当以浅显易懂的语言草拟和传送这些条款。（2）在经营者与消费者订立的合同中，经营者提供的条款违反了第（1）款所规定的明晰义务，即可认定为不公平条款。”

在此，DCFR将透明性依旧定义为“以浅显易懂的语言草拟和传送条款”，此与上述欧盟1993年指令及德国BGB做法一致，而并未如英国2015年消费者权益法一样还包含“形式意外性条款”要素。

另外，就违反透明性规则的法律后果而言，DCFR的规定也别出心裁：在消费者合同场合下，未经个别磋商条款违反透明性义务将被径直认定为不公平条款，故此时透明性规则实际为消费者合同内容控制机制的一个子规则；在非经营者之间合同及经营者之间合同场合下，未经个别磋商条款违反透明性义务的法律后果未被明确，但依据

DCFR 第Ⅱ-9：407条的规定，此时透明性规则是不公平条款认定时的考虑因素，只不过在这两种场合下即使违反了透明性规则，相关未经个别磋商条款也并不会径直被认定为不公平条款，此与上述消费者合同场合下的做法略有差异。但整体来看，无论在何种场合，透明性规则实际上均是被放在内容控制机制下使用的。细微的差别仅在于，在消费者合同场合违反这一规则会导致相关未经个别磋商条款被径直认定为不公平条款，而在非消费者合同场合违反这一规则则并不会导致相关未经个别磋商条款径直被认定为不公平条款，但确实是一种考量因素。从这一差异中，大抵可以窥见DCFR对消费者保护理念的重视。

综上所述，通过对德国法、欧盟指令、英国法及DCFR等主要采纳范例的考察，就透明性规则可初步获得如下认知：首先透明性规则的原始含义为条款语言表达得清晰易懂，但英国2015年消费者权益法还包括了“形式意外性条款”要素。其次透明性规则在大多数时候作为内容控制机制子规则而存在，例如上陈德国法、英国法及DCFR均是如此，此时违反这一规则将导致内容控制机制启动。唯一比较特殊的是欧盟1993年指令第5条，其主要倾向为一种条款解释规则，此时一旦违反透明性规则将引发对条款作出对消费者最有利解释。

5.2.2 透明性规则功能再思考

在以往研究中，多数研究者在解读透明性规则功能时一般都着眼于“条款明晰”功效，显然仅从字面上即可认识到这一点。但这一认识颇有些“粗糙梗概”，虽然其较为直观地表述出透明性规则的作用结果，但却没有呈现出这一作用结果的“内部维度”。简言之，面对这一作用结果尚存在如下疑问，即“透明性规则的条款明晰功能究竟是从哪种或哪几种层面产生影响的？”就此笔者以为，透明性规则的条款明晰功能在以下两个层面发挥影响：一是具体合同关系层面，二是市场竞争机制层面。

1）具体合同关系层面的影响机理

透明性规则在具体合同关系层面的影响机理表现为对具体合同关系下格式条款内容的明晰，这也是以往研究所重点强调的作用效果。显然“顾客要想不只在规范意义上而且也在现实意义上进行自主决策，那么他就必须得在缔约时对交易内容有清晰把握。如果顾客对合同条件缺乏足够认识的话，则其将处于达成不契合其主观需求与不契合其实际意愿的交易风险之中”。[①]

毫无疑问，在具体合同关系层面的影响机理是透明性规则最为基础的功能侧面，也是这一规则产生的直接动因。其直接作用于格式条款当事人之间意思表示环节，为格式条款相对人真实表达其意思提供机会保障。因此可以说，透明性规则在这一层面的影响机理是纯粹合同法方面的内容。

2）市场竞争机制层面的影响机理

除上述层面外，透明性规则还在另外一个为以往许多研究者所忽视的层面上发挥影响，即“市场竞争机制层面”。

在现实市场环境中，通常“将被缔结的合同的内容向顾客释明并不必然能确保市场机制的正常运转，欲实现这一目标，则关于合同内容的信息就必须以能促进市场对比的传递形式传播：顾客应当能够对由不同潜在交易对方当事人提出的交易条件进行对比，并进而选择最契合其意愿的交易条件。唯有如此才能确保在涉及主给付时，那些向顾客提出的交易条件之间产生竞争，而这种竞争将有利于市场竞争机

① MATTEO F. Freier markt und zwingendes Vertragsrecht：Zugleich ein Beitrag zum Recht der Allgemeinen Geschäftsbedingungen［M］. Berlin：Duncker&Humblot，2013：86.

制状况的改善”。[①]但毫无疑问，顾客对不同交易条件加以对比的前提在于这些条件均被清晰易懂地表述，这是顾客得以进行条件比较的基础。

就上述论证，大抵可以简述为以下三个环节：首先若不同潜在交易方所提供的格式条款均清晰易懂（即透明的），那么格式条款相对人即有机会对这些格式条款加以对比；其次经由对比相对人选择其中对其最有利的格式条款，这一选择过程亦同时构成格式条款提供方之间的市场竞争过程；最后当这种竞争过程在市场中反复发生，则将逐步推动市场竞争机制的完善。而纵观这一过程，透明性规则乃是格式条款比较的基础，亦为格式条款竞争的基础，最终是上述市场竞争机制完善的基础，此即透明性规则在市场竞争机制层面的影响机理。毫无疑问，当立足于这一层面审视透明性规则影响机理时，相关研究已经突破了合同法范畴。

综上所述，透明性规则的直观效果在于“明晰条款”，但细究之下这一效果内部又可分为两个维度，即“具体合同关系维度”与“市场竞争机制维度”。然而，无论是在哪一种维度上发生影响，透明性规则最基础的、最直接的功能仍在保障格式条款被清晰易懂地拟定，这也是其首先被作为合同法问题进行研究的原因。只不过在这一功能基础上，一旦将研究视野稍作拓展即会发现其对市场竞争机制的完善也有促进功效了，而这已经超出了合同法范畴。

5.2.3 透明性规则本土化展望

就当下立法实际看，透明性规则尚不是我国《民法典》中既有规则，《消费者权益保护法》《保险法》等特别法中也未见其踪影。鉴于

---

① MATTEO F. Freier markt und zwingendes Vertragsrecht: Zugleich ein Beitrag zum Recht der Allgemeinen Geschäftsbedingungen［M］. Berlin: Duncker&Humblot, 2013: 87.

透明性规则在当下世界范围内的适用实践，以及具备的上述两层面功能，在未来完善我国格式条款法律规制制度时有必要引入这一规则。但在具体引入之前，尚还有如下两方面关键疑问需要澄清：一是应该怎样界定该规则的内涵？二是应该怎样定位该规则的功能？对前一问题的回答决定了我国法如何理解透明性规则，对后一问题的回答则决定了我国法如何运用透明性规则。

1）透明性规则内涵定位

上文通过梳理域外法范例发现关于该规则的内涵有两种界定做法：一种是仅限于条款表述清晰易懂含义，诸如欧盟1993年指令、德国BGB、DCFR均采此种做法。另一种除了此处条款表述清晰易懂含义外，还包括形式意外性条款要素，英国2015年消费者权益法是此种做法的范例。

究竟是否应在透明性规则的内涵中引入形式意外性条款要素，取决于如何看待二者之间的关系。对此笔者以为，透明性规则着重强调的是条款意思表达清晰程度，其关注点在于条款表述“达意程度”，此与条款是否意外并无关联。相应地，形式意外条款要素强调的是条款表述形式的不同寻常性，其关注点在于条款表述的“可期待性”。事实上，一个形式意外的条款本身完全可以是表述清晰易懂的条款，而一个并不清晰易懂的条款也完全可以显著易知并进而不意外。概言之，透明性规则与形式意外条款要素属于彼此独立的个体，将形式意外条款要素包括进透明性规则中是不恰当扩大了后者的内涵范畴。

未来我国法纳入透明性规则时，应将其定位于“条款清晰易懂”，这或许也更契合汉语“透明”一词的惯常蕴意。至于形式意外条款要素，则应将其与内容意外条款统筹在一起而拟制为一个独立的格式条款纳入规制规则。由此透明性规则与意外性排除规则彼此泾渭分明，这对于我国格式条款法律规制制度内部条理别析大有好处。

2）透明性规则功能定位

就透明性规则的功能指向，当前世界范围内的主要范例大抵采纳了如下观点：一种是多数范例所采纳的“内容控制子规则”观点，此时透明性规则被定位为格式条款内容控制机制下的独立子规则，当透明性规则被违反时即会启动格式条款内容控制机制。另一种是“条款解释子规则”观点，即透明性规则被定位为格式条款解释机制下独立子规则（具体是与对消费者最有利解释规则统筹而成的解释规则），一旦透明性规则被违反即会导致对消费者最有利的解释结果。

未来我国格式条款法律规制制度应选择何种透明性规则功能定位？笔者以为，采用“内容控制子规则”观点较为适宜。一来鉴于透明性规则在域外法中已有较为成熟的适用实践，因此“遵循先例”不失为一种妥善选择，而具体在借鉴时遵循主流做法无疑更为稳妥。再者考虑到我国《民法典》第498条第2句的规定：“对格式条款有两种以上解释的，应当作出不利于提供格式条款一方的解释。”此种“不利解释规则”虽然不如“对相对人最有利解释规则”更完善，但其已经较为接近后者的蕴意，因此在未来将其加以优化后完全可成为我国法上的“对相对人最有利解释规则”。如此若再将透明性规则加入这一解释规则中，则有些折煞了透明性规则应有的规制功效。从域外法上实践经验看，将透明性规则作为一项独立的内容控制子规则更有利于发挥其规制格式条款功效，关键就在于此时其是一项具有独立规制力量的内容控制规则。而在众多规制机制中内容控制规制是最严厉的手段，因为其能直接否定违反透明性规则的格式条款的效力，如此对格式条款使用人的威慑更大，由此对格式条款相对人的保障也更强，应该来讲这更加契合导入透明性规则的目标意旨。一旦将其加入格式条款解释规则中，顶多只能作为“对相对人有利解释规则”的前提条件，即使不符合透明性要求，相关格式条款也并不会被径直否定效力，由此对格式条款使用人的威慑大大减弱，相应地对格式条款相对人的保护也大大弱化。

综上所述，在未来我国法中，透明性规则应作为内容控制子规则而存在。可参照德国BGB第307条段做法，将其与内容控制基本规则相结合，使其成为一项重要的、独立的内容控制基本规则适用指引要素，即格式条款不清晰易懂的，应视为违反诚实信用原则。

5.3 内容控制类型化规则探究

5.3.1 孕育动因分析及内涵概括

上文对格式条款内容控制基本规则作了较为详细的探讨。但至此不难发现，因内容控制基本规则与基本理念、根本标准、底层构造、核心旨趣等相挂钩，其通常十分抽象。为强化自身实用性，各法例中的内容控制基本规则往往都会纳入“指引要素”，借助指引要素的提示来尽可能地挑明自身含义，并为自身在实践中适用提供某些参酌指示。鉴于内容控制基本规则本身“容量”有限，故其所能容纳的指引要素也是有限的。若是过多塞入指引要素，则必将使得内容控制基本规则臃肿不堪，由此会销蚀掉其所应具有的言简意赅效果。而内容控制基本规则本身即是要起到提纲挈领的作用，简练概要呈现整个内容控制机制的基本理念与根本标准才是其任务所在，由此便注定了其内部不可能包括太多指引要素。所以无论内容控制基本规则选择纳入哪些指引要素，其对自身抽象性的弱化都是有限的。尤其随着格式条款使用实践的规模化与高频化，其对自身实用性的强化很容易力所不逮。故在其之外单独设计专门的、具体的指导规则便显得十分重要，此即格式条款内容控制类型化规则产生的制度动因。

所谓格式条款内容控制类型化规则是指立法者持内容控制基本规则基本蕴意考察格式条款使用实践，并借助类型化方法而总结出的具体指导规则。就这一定义表述可从如下四方面加以理解：首先内容控制类型化规则实质上为内容控制基本规则基本蕴意的具体化，这是其产生的理念基础；其次内容控制类型化规则直接来源于格式条款使用实践，这是其产生的实践基础；再次内容控制类型化规则是由立法者借助类型化方法总结而成，这是其产生的方法基础；最后内容控制类型化规则以指导具体实践为目标导向，这是其产生的目标基础。

5.3.2 格式条款“黑名单”与“灰名单”引介

因格式条款使用实践的多样性，故可以总结出的类型化规则也必然十分丰富，由此对其进行集群管理十分必要。目前，世界范围内使用最广泛的集群形式为编制内容控制类型化规则清单，即“立法例除规定对格式条款内容控制的一些抽象原则外，还采取列举方式，详细规定格式条款不得规定的具体事项”。[①]

实践中，此种内容控制类型化规则清单常被简称为“黑名单”，而“事实上，几乎所有已选择规定一个一般条款的法律制度都有一个黑名单”，[②]诸如德国BGB第309条、《意大利民法典》第1341条、《韩国约款规制法》第7条和第9条等。

在编制内容控制类型化规则清单时，除“黑名单”外，德国、荷兰等国尚还设计有“灰名单”，如德国BGB第308条等。“黑名单”与“灰名单”的区别在于，其各自对法官的自由裁量容忍度不同。就被列入“黑名单”中的条款而言，禁止法官在使用时进行任何自由裁

① 梁慧星. 中国民法典草案建议稿附理由合同编［M］. 北京：法律出版社，2013：81-82.

② 克茨. 欧洲合同法［M］. 周忠海，李居迁，宫立云，译. 北京：法律出版社，2001：210.

量，只要案件存在相关条款所述情形，则法官必须严格依据该条款规定来作出裁断。这方面典型的当属“缺陷商品致人死亡或伤害免责禁止条款”，例如德国BGB第309条第7项a）目规定：“排除或限制对因侵害生命、身体或健康而发生的损害的责任，而此种损害是由于使用人有过失地违反义务，或使用人的法定代理人或履行辅助人故意或有过失地违反义务而造成的。”[①]此种一般交易条款不生效力。又如英国2015年消费者权益法第65条第1款规定：“就因其过失而导致的死亡或人身损害责任，营业人不得通过消费者合同条款或消费者通知予以排除或限制。”另就被列入“灰名单”中的条款而言，其允许法官进行一定自由裁量，案件情形是否符合相关条款规定仍有赖于法官进行具体考量。这类条款通常有一个显著特征，即立法者通常会在其中“使用诸如‘合理的’‘特别重要性’‘不合理的高’‘不适当的规定’这样的字眼，旨在给法官进行个案分析时提供足够的灵活性”。[②]例如，德国BGB第308条第2款规定：“使得使用人偏离法律规定，为其所履行的给付而保留不适当长或者不够特定的附加期间的条款。”[③]综合而言，被列入“黑名单”中的条款是被立法者明确认定为与格式条款内容控制基本规则基本蕴意相背离，其严重性与明显程度使得无需再由法官进行自由裁量来予以核定。至于被列入“灰名单”中的条款，其对内容控制基本规则基本蕴意的背离尚不严重或不明显，在进入具体案件场合之前，立法者无法对其加以明确规定，因而需要法官在个案下按照立法者提供的指示进行自由裁量以核定之。

当前我国《民法典》第497条所援引“具有本法第一编第六章第三节和本法第506条规定的无效情形”，其实质上也可以被看作格式条款内容控制类型化规则。但一方面由于《民法典》第一编第六章第

① 佚名. 德国民法典［M］. 陈卫佐，译. 北京：法律出版社，2006：104.
② 张良. 不公平合同条款的法律规制［D］. 武汉：武汉大学，2011.
③ 佚名. 德国民法典［M］. 陈卫佐，译. 北京：法律出版社，2006：102.

三节及第506条规定的无效情形原本即适用于《合同法》全局，故其适用于格式条款领域当属自然，可见前述第497条在此只是守旧而未有创新。另一方面“提供格式条款一方不合理地免除或者减轻其责任、加重对方责任、限制对方主要权利，或者排除对方主要权利”这四种情形过于粗略，其实用性着实堪忧。因此即使将《民法典》第497条解释为我国法上的格式条款内容控制类型化规则，比之于域外法例中完备的“黑名单”“灰名单”，无疑过于简单。在经过几十年格式条款法律规制实践后，在当下民法典时代，这一现状或许已经到了被改变的时候。

5.3.3 部门与地方立法实践下“黑名单”整合

诚如上文所述，内容控制类型化规则产生基础是格式条款使用实践，故对内容控制类型化规则的提炼必须深入实践。而在具体进行实践考察时，又有两种路径可供选择。一是置身成千上万具体的格式条款使用场景中实施考察，此可被简称为“现实实践考察路径”；二是置身某些格式条款规范性文件中实施考察，此可被简称为“规范实践考察路径”。[①]就内容控制类型化规则研究而言，选择前一路径展开研究可从根本上触及格式使用实践，但任务量显然极其庞大；若选择后一路径展开研究虽无法直接触及格式条款具体使用活动，但研究难度也相应地极大降低。鉴于条件限制，本书选择后一种路径更适宜。

进一步讲，笔者通过梳理现行法规发现，就内容控制类型化规则构思而言，由国家工商行政管理总局[②]于2010年10月13日通过的《合同违法行为监督处理办法》及某些地方性法规作出了突出贡献。具体而言，《合同违法行为监督处理办法》第9条规定了四种具体的

① 在前一路径下，直接对格式条款使用实践加以考察。在后一路径下，对规范格式条款使用实践的规范性文件展开考察。

② 2018年3月，国家工商行政管理总局被改组为“国家市场监督管理总局”。

禁止免责情形，第10条规定了两种具体的禁止加责情形，第11条规定了五种具体的禁止除权情形。与此同时，某些地方性法规还在此基础上加入了个别创新规范。接下来，将以这些法规文本为依据，整合提炼出一份格式条款内容控制类型化规则清单，以此作为未来我国法中格式条款“黑名单”之建议。

1）现行规范实证解读

①禁止免责的格式条款类型

首先依《合同违法行为监督处理办法》第9条第（一）款和第（二）款规定，经营者不得以格式条款免除自己应承担的“消费者人身伤害责任”及“因故意或重大过失造成消费者财产损失的责任”。本条规定继承了原《合同法》第52条之规定，在未来应予保留。

其次依据《合同违法行为监督处理办法》第9条第（三）款规定，“对提供的商品或服务依法应当承担的保证责任”，经营者也不得以格式条款加以排除。而《南京市合同格式条款监督办法》第8条第（三）款，以及《青岛市合同格式条款监督办法》第8条第（三）款均在此基础上增加了“保修责任”。另外，《苏州市合同格式条款管理办法》第10条第（一）款规定为“缩短产品的法定保证期限”，其第（四）款规定为“保修、更换、退货责任”。应指出的是，“保证责任”通常是《担保法》上的概念，此处《合同违法行为监督处理办法》是在一种十分宽泛的语境中使用该术语。按照通常理解，此处“保证责任”应当包括质量缺陷责任与瑕疵责任，而其中的瑕疵责任又应当包括品质瑕疵责任与权利瑕疵责任。因此就《合同违法行为监督处理办法》第9条所称“对商品或服务依法应当承担的保证责任”而言，其实际指的是“对商品或服务依法应当承担的质量缺陷责任、品质瑕疵责任以及权利瑕疵责任”。至于此处保证责任的承担方式，主要包括修理、更换、重做、退货等。因此若免除“保修、更换、退货”责任，其实质会导致部分免除保证责任的效果。同时，所谓“缩短产品的法定保证期限”，其本质上也是部分免除保证责任。故笔者认为，在明确规定禁止免除保证责任的情形下，类似上举南京市、青岛市、苏州市等地方性法规所作调整并无必要。

最后依据《合同违法行为监督处理办法》第9条第（四）款规定，“因违约依法应当承担的违约责任”，经营者也不得以格式条款加以免除。

②禁止加责的格式条款类型

《合同违法行为监督处理办法》第10条规定：“经营者与消费者采用格式条款订立合同的，经营者不得在格式条款中加重消费者下列责任：（一）违约金或者损害赔偿金超过法定数额或者合理数额；（二）承担应当由格式条款提供方承担的经营风险责任；（三）其他依照法律法规不应由消费者承担的责任。”本条第（二）/（三）款实质上可以归纳为一条，即“依法非应由消费者承担的责任”。因此就《合同违法行为监督处理办法》第10条而言，其主要规定了两种禁止性加责情形，即“超额违约金或损害赔偿金”与“依法非应由消费者承担的责任内容”。

而在地方性法规中，《青岛市合同格式条款管理办法》第9条所作规定略有不同，该条第（二）款规定：“承担应当由提供方承担或者双方共同承担的风险责任。”毫无疑问，该款规定较之于上文所举《合同违法行为监督处理办法》第10条第（二）款要更加严谨。但其仍然可以被归纳进“依法非应由消费者承担的责任内容”中来。

③禁止除权的格式条款类型

《合同违法行为监督处理办法》第11条规定：“经营者与消费者采用格式条款订立合同的，经营者不得在格式条款中排除消费者下列权利：（一）依法变更或者解除合同的权利；（二）请求支付违约金的权利；（三）请求损害赔偿的权利；（四）解释格式条款的权利；（五）就格式条款争议提起诉讼的权利；（六）消费者依法应当享有的其他权利。”

就“依法变更或者解除合同的权利”，地方性法规多数予以了继受，并且还新增了一些内容。例如，《江西省合同格式条款监督办法》第9条增加了“中止合同的权利”，《南京市合同格式条款监督办法》第11条增加了“拒绝合同履行的权利”，《吉林省合同格式条款监督办法》第9条增加了“撤销合同的权利”。严格地讲，变更、撤销、中止、解除以及拒绝履行都直接与当事人意思自治有关，属于当事人应当享有的核心权利。仅仅就其中部分除权情形加以规定并无恰当理由，某些地方性法规全方位禁止使用人以格式条款排除相对人上述权利的规定更为可取。

就“请求支付违约金的权利”与“请求损害赔偿的权利”，不少地方性法规也加以了继受，而且往往整合为一款规定。例如《吉林省合同格式条款监督办法》第9条规定：“格式条款不得含有排除对方下列主要权利的内容：（二）请求损害赔偿、支付违约金的权利。”另外，《南京市合同格式条款监督办法》第11条、《青岛市合同格式条款监督办法》第10条、《苏州市合同格式条款管理办法》第10条等也有同样规定。

就“解释格式条款的权利”，不少地方性法规同样选择了继受，例如《吉林省合同格式条款监督办法》第9条。而有些地方性法规对此作了扩张规定，例如《江西省合同格式条款监督办法》第9条第（三）款以及《青岛市合同格式条款监督办法》第10条第（四）款均规定为“行使合同解释权的权利”，由此不再限定于解释格式条款权利。笔者认为此种扩张是恰当的，因为合同解释涉及当事人意思表示的呈现，无论解释对象是否为格式条款，合同解释权利都属于当事人核心权利之一。将禁止除权情形限定于解释格式条款的权利并不存在特别理由，反之扩张至全体合同解释权利更有利于保障相对人的意思自治。

最后“就格式条款争议提起诉讼的权利”，也通常为地方性法规所吸收。但在继受该款规定时，地方性法规往往还进行了完善。一种情况是统一规定为“选择合同争议解决途径的权利”，例如《江西省合同格式条款监督办法》第9条第（四）款以及《武汉市合同格式条款监督办法》第9条第（三）款；另一种情况是区别规定为“就合同争议提起仲裁或者诉讼的权利”，例如《南京市合同格式条款监督办法》第11条第（四）款以及《苏州市合同格式条款管理办法》第10条第（六）款。考虑到我国民事争议解决途径包括协商、调解、仲裁、诉讼等多种形式，而且选择何种争议解决途径的权利直接关乎当事人的切身利益，故作出禁止使用人以格式条款排除相对人“选择合同争议解决途径的权利”规定当属最恰当。

④禁止扩权的格式条款类型

按照原《合同法》第40条的规定，格式条款无效情形主要包括使用人“排除其责任、加重对方责任以及排除对方主要权利”三类情形，[①]而《合同违法行为监督处理办法》第9~11条也是针对这三种情形所作的细化规定。同样，多数地方性法规在制定自己的格式条款“黑名单”时也是如此。不过有个别地方性法规除规定上述三类情形，还补充规定了第四种情形：禁止使用人以格式条款扩大自己某些权利。

例如，《南京市合同格式条款监督办法》第9条规定：“合同格式条款不得含有扩大提供方权利的下列内容：（一）提供方可以任意变

① 原《合同法》第40条另外援引该法第52条及第53条规定的做法属于多此一举，即使从该条中剔除亦无不可，故真正属于原《合同法》第40条自己创造的格式条款无效情形的，便只有文中所列三种。

更、解除、中止、终止履行合同的权利；（二）提供方提供的产品或服务出现价格不合理上涨时，对方应当继续履行合同的规定；（三）提供方单方解释合同的权利；（四）违反法律、法规扩大提供方权利的其他内容。”又如《武汉市合同格式条款监督办法》第10条规定：“合同格式条款不得含有扩大提供方下列权利的内容：（一）单方解释合同的权利；（二）无法律依据，单方变更、转让、解除或者终止履行合同的权利；（三）在不确定期限内履行合同的权利；（四）违反法律、法规扩大提供方的其他权利。”在这两款规定中，规定提供方有单方解释合同的权利，其本身即属于排除相对人合同解释权利的反面表述，故在设计格式条款“黑名单”时选择其一即可。[①]而禁止使用人在没有法律依据时任意变更、中止、解除、拒绝履行合同的规定值得肯定，其正好与上文提到的禁止排除相对人变更、撤销、中止、解除、拒绝履行合同权利的规定形成对应，都属于对当事人意思自治的保障。另外，禁止赋予使用人“在不确定期限内履行合同的权利”的规定也属恰当，若允许使用人有在不确定期限内履行合同的权利，则无异于事实上剥夺了相对人请求对方给付的权利，这同权利放弃自愿性准则严重冲突。最后当提供方提供的产品或服务出现价格不合理上涨时，使用人是否有要求对方当事人继续履行的权利？笔者认为当使用人以格式条款规定此项权利时，应当予以禁止。虽然契约法通常并不对给付平衡性进行评价，但这一准则适用的前提是约定给付的意思表示程序不存在合理性质疑，即只有当当事人是在完全自愿的情形下达成约定时，对比结果过于悬殊（不合理）的给付情形才会为法律所允许。而在格式条款场合下，由于这一程序性前提并不存在，故当给付对比结果不合理且不利于相对人时，不应当认可使用人有要

① 事实上《南京市合同格式条款监督办法》以及《武汉市合同格式条款监督办法》只规定了此种禁止性扩权情形，在前者第11条以及后者第9条中，并没有如其他法规一样作出禁止使用人以格式条款排除相对人合同解释权利的规定。

求相对人继续履行的权利。由此可见，上述《南京市合同格式条款监督办法》第9条第（二）款规定也值得赞同。

2）格式条款“黑名单”试拟

上文通过解读现行《合同违法行为监督处理办法》第9~11条，以及某些地方性法规规定，笔者依次从“禁止免责的格式条款”“禁止加责的格式条款类型”“禁止除权的格式条款类型”“禁止扩权的格式条款类型”四方面梳理了现行法中的格式条款“黑名单”，这是我国格式条款使用实践中凝聚出的宝贵经验。

然而这些经验在法规形式上仍呈现零散状态，与格式条款“黑名单”主流发展趋势相脱节。[①]有鉴于此，参酌域外法立法经验，结合上文实证分析结论，就我国法上格式条款“黑名单”规范，本书试拟如下：

第××条 本法第××条[②]所规定之违反诚实信用原则的格式条款，包括但不限于如下情形：

（一）格式条款免除造成的相对人人身伤害责任；

（二）格式条款免除因故意或重大过失造成的相对人财产损失责任；

（三）格式条款免除己方应承担的商品或服务保证责任；

（四）格式条款免除一方依法应承担的违约责任；

（五）格式条款加重相对人依法应承担的违约金责任；

（六）格式条款加重相对人依法应承担的赔偿金责任；

（七）格式条款将依法非应由相对人单独承担的责任转嫁由其单独承担；

---

① 参见《德国民法典》第309条、英国2015年消费者权益法Schedule-Part Ⅰ、欧盟1993年指令Schedule、澳大利亚2011年消费者权益法第25条、DCFR第Ⅱ-9：410条等，均以单独条款规整设计格式条款“黑名单”。

② 此处“本法第××条”指未来我国《民法典·合同编》中格式条款内容控制基本规则规范。

（八）格式条款排除相对人依法变更、撤销、中止、解除及拒绝履行合同的权利；

（九）格式条款排除相对人依法请求支付违约金及赔偿金的权利；

（十）格式条款排除相对人选择合同争议解决方式的权利；

（十一）格式条款赋予己方单方解释合同的权利；

（十二）格式条款赋予己方任意变更、撤销、中止、解除及拒绝履行合同的权利；

（十三）格式条款赋予己方在不确定期限内履行合同的权利；

（十四）格式条款赋予己方在其提供的商品或服务出现价格不合理上涨时要求对方继续履行的权利。

参考文献

一、图书

[1] 陈小君. 合同法学［M］. 北京：高等教育出版社，2003.

[2] 崔建远. 合同法总论（上）［M］. 北京：中国人民大学出版社，2011.

[3] 杜军. 格式合同研究［M］. 北京：群众出版社，2001.

[4] 冯卓慧. 罗马私法进化论［M］. 西安：陕西人民出版社，1992.

[5] 傅静坤. 二十世纪契约法［M］. 北京：法律出版社，1997.

[6] 傅鲲成. 美国合同法精义［M］. 厦门：厦门大学出版社，2008.

[7] 顾海良，郭建青，顾海兵. 简明帕氏新经济学辞典［M］. 北京：中国经济出版社，1991.

[8] 何宝玉. 合同法原理与批判［M］. 北京：中国法制出版社，2013.

[9] 贺栩栩. 责任保险格式条款效力审查研究［M］. 北京：法律出版社，2016.

[10] 侯怀霞，张慧平. 市场规制法律问题研究［M］. 上海：复旦大学出版社，2011.

[11] 黄名述，张玉敏. 罗马契约制度与现代合同法研究［M］. 北京：中国检察出版社，2006.

[12] 柯华庆. 合同法原则的博弈分析［M］. 北京：中国法制出版社，2006.

[13] 李响．美国合同法要义［M］．北京：中国政法大学出版社，2008.
[14] 李永军．合同法［M］．北京：法律出版社，2010.
[15] 李郁芳．体制转轨时期的政府微观规制行为［M］．北京：经济科学出版社，2003.
[16] 梁慧星．中国民法典草案建议稿附理由合同编（上册）［M］．北京：法律出版社，2013.
[17] 刘学在．民事公益诉讼制度研究——以团体诉讼制度的构建为中心［M］．北京：中国政法大学出版社，2015.
[18] 刘宗荣．定型化契约论文专辑［M］．台北：三民书局，1998.
[19] 卢谌．德国民法专题研究［M］．北京：法律出版社，2008.
[20] 马辉．格式条款规制研究［M］．北京：法律出版社，2019.
[21] 马龙．市场规制法律问题研究［M］．北京：科学普及出版社，2014.
[22] 沐风．乌合之众？大众非理性行为的经济学逻辑［M］．北京：中国人民大学出版社，2016.
[23] 穆瑞丽．政府俘获与政府规制改革［M］．北京：中国财政经济出版社，2013.
[24] 潘申明．比较法视野下的民事公益诉讼［M］．北京：法律出版社，2011.
[25] 潘伟杰．制度、制度变迁与政府规制研究［M］．上海：上海三联书店，2005.
[26] 冉克平．强制缔约制度研究［M］．北京：中国社会科学出版社，2010.
[27] 沈达明．英美合同法引论［M］．北京：对外经济贸易大学出版社，2015.
[28] 宋亚辉．社会性规制的路径选择：行政规制、司法控制抑或合作规制［M］．北京：法律出版社，2017.
[29] 苏号鹏．格式合同条款研究［M］．北京：中国人民大学出版社，2004.
[30] 孙学致．唯契约自由论［M］．长春：吉林人民出版社，2006.
[31] 唐晋伟．德国竞争法中的团体收缴利润诉讼制度研究：德国法的制度创新及其对中国法的启示［M］．北京：法律出版社，2012.
[32] 陶建国．消费者公益诉讼研究［M］．北京：人民出版社，2010.

[33] 汪丁丁. 行为经济学要义［M］. 上海：上海人民出版社，2015.
[34] 王波. 规制法的制度构造与学理分析［M］. 北京：法律出版社，2016.
[35] 王冠华. 保险格式条款合理期待解释原则研究［M］. 武汉：武汉大学出版社，2014.
[36] 王继军. 市场规制法研究［M］. 北京：中国社会科学出版社，2005.
[37] 王军. 美国合同法［M］. 北京：对外经济贸易大学出版社，2011.
[38] 王利明. 合同法研究（第一卷）［M］. 北京：中国人民大学出版社，2015.
[39] 王利明. 中国民法典学者建议稿及立法理由（债法总则编合同编）［M］. 北京：法律出版社，2005.
[40] 王廷惠. 微观规制理论研究：基于对正统理论的批判和将市场作为一个过程的理解［M］. 北京：中国社会科学出版社，2005.
[41] 王垚. 现代合同法研究新视角［M］. 北京：人民日报出版社，2015.
[42] 王勇. 市场经济法的理论与适用［M］. 北京：中共中央党校出版社，2008.
[43] 王泽鉴. 债法原理［M］. 北京：北京大学出版社，2011.
[44] 吴兴光，蔡红，刘睿，等. 美国《统一商法典》研究［M］. 北京：社会科学文献出版社，2015.
[45] 吴兴光，龙著华，周新军，等. 合同法比较研究［M］. 广州：中山大学出版社，2002.
[46] 伍玉功. 公益诉讼制度研究［M］. 长沙：湖南师范大学出版社，2006.
[47] 谢自强. 政府干预理论与政府经济职能［M］. 长沙：湖南大学出版社，2004.
[48] 徐德云. 帕累托最优的唯一性与福利定理的修正［M］. 北京：经济科学出版社，2017.
[49] 徐国栋. 诚实信用原则研究［M］. 北京：中国人民大学出版社，2002.
[50] 徐国栋. 民法基本原则解释——以诚实信用原则的法理分析为中心［M］. 北京：中国政法大学出版社，2001.

[51] 徐卉. 通向社会正义之路：公益诉讼理论研究［M］. 北京：法律出版社，2009.
[52] 杨建顺. 行政规制与权利保障［M］. 北京：中国人民大学出版社，2007.
[53] 杨建文. 政府规制：21世纪理论研究潮流［M］. 上海：学林出版社，2007.
[54] 杨淑文. 消保法与民法之分与合［M］. 北京：中国政法大学出版社，2017.
[55] 尹田. 法国现代合同法：契约自由与社会公正的冲突与平衡［M］. 北京：法律出版社，2009.
[56] 张维迎. 经济学原理［M］. 西安：西北大学出版社，2015.
[57] 张晓薇. 民事诉权正当性与诉权滥用规制研究［M］. 北京：法律出版社，2014.
[58] 章武生. 外国群体诉讼理论与案例评析［M］. 北京：法律出版社，2009.
[59] 赵融. 西方契约法理论研究［M］. 哈尔滨：黑龙江大学出版社，2015.
[60] 郑强. 合同法诚实信用原则研究：帝王条款的法理阐释［M］. 北京：法律出版社，2000.
[61] 郑玉波. 民法债编各论［M］. 台北：三民书局，2010.
[62] 郑玉波. 民法债编论文选辑（上）［M］. 台北：五南图书出版社，1984.
[63] 斯密德. 冲突与合作：制度与行为经济学［M］. 陈昕，译. 上海：上海人民出版社，2018.
[64] 奥格斯. 规制：法律形式与经济学理论［M］. 骆梅英，译. 北京：中国人民大学出版社，2014.
[65] 梅迪库斯. 德国民法总论［M］. 邵建东，译. 北京：法律出版社，2013.
[66] 范斯沃思. 美国合同法［M］. 葛云松，丁春艳，译. 北京：中国政法大学出版社，2004.
[67] 克茨. 欧洲合同法［M］. 周忠海，李居迁，宫立云，译. 北京：法律出版社，2001.
[68] 拉伦茨. 德国民法通论［M］. 邓晓晔，邵建东，程建英，等译. 北京：

法律出版社，2013.
[69] 鲍德温，凯夫，洛奇．牛津规制手册［M］．宋华琳，李鸻，安康永，等译．上海：上海三联书店，2017.
[70] 美国法学会，美国统一州法委员会．美国《统一商法典》及其正式评述［M］．孙新强，译．北京：中国人民大学出版社，2004.
[71] 内田贵．契约的再生［M］．胡宝海，译．北京：中国法制出版社，2005.
[72] 欧洲民法典研究组，欧盟现行私法研究组．欧洲私法的原则、定义与示范规则［M］．高圣平，等译．北京：法律出版社，2014.
[73] 阿狄亚．合同法导论［M］．赵旭东，何帅领，邓晓霞，译．北京：法律出版社，2002.
[74] 植草益．微观规制经济学［M］．朱绍文，等译．北京：中国发展出版社，1992.
[75] 佚名．德国民法典［M］．陈卫佐，译．北京：法律出版社，2006.
[76] 佚名．法国民法典［M］．罗结珍，译，北京：法律出版社，2005.
[77] 佚名．欧盟债法与指令全集［M］．吴越，李兆玉，李立宏，译．北京：法律出版社，2004.
[78] 佚名．德国新债法：条文及官方解释［M］．朱岩，编译．北京：法律出版社，2003.
[79] MATTEO F.Freier markt und zwingendes Vertragsrecht：Zugleich ein Beitrag zum Recht der Allgemeinen Geschäftsbedingungen［M］．Berlin：Duncker&Humblot，2013.
[80] TOBIAS M. AGB-kontrolle versus Individualvereinbarung：Zweck und Grenzen der Inhaltskontrolle vorformulierter Klauseln［M］．Tübingen：Mohr Siebeck，2010.

二、期刊论文

[81] 程新文，冯小光，关丽，等．我国消费民事公益诉讼制度的新发展——《最高人民法院关于审理消费民事公益诉讼案件适用法律若干问题的解

释》的理解与适用［J］．法律适用，2016（7）：15-21.
［82］ 陈鸣．略论格式条款的几个问题［J］．甘肃社会科学，2004（1）：127-128；131.
［83］ 杜景林．合同规范在格式条款规制上的范式作用［J］．法学，2010（7）：29-38.
［84］ 杜乐其．消费民事公益诉讼损害赔偿请求权研究［J］．法律科学（西北政法大学学报），2017（6）：168-180.
［85］ 范雪飞．论不公平条款制度——兼论我国显失公平制度之于格式条款［J］．法律科学，2014（6）：105-112.
［86］ 樊启荣，王冠华．保险格式条款“通常理解”之解释——以我国《保险法》第30条规定为中心［J］．西部法学评论，2010（6）：23-28.
［87］ 高圣平．试论格式条款效力的概括规制——兼评我国合同法第39条［J］．湖南师范大学社会科学学报，2005（3）：73-76.
［88］ 黄忠顺．论公益诉讼与私益诉讼的融合——兼论中国特色团体诉讼制度的构建［J］．法学家，2015（1）：19-31；176.
［89］ 黄忠顺．消费者集体性损害赔偿诉讼的二阶构造［J］．环球法律评论，2014（5）：64-82.
［90］ 韩世远．民法典合同编一般规定与合同订立的立法问题［J］．法学杂志，2019（3）：22-30.
［91］ 贺栩栩．《合同法》第40条后段（格式条款效力审查）评注［J］．法学2018（6）：173-190；196.
［92］ 贺栩栩．格式合同的经济分析与法律适用范围［J］．现代管理科学，2015（9）：91-93.
［93］ 胡志超．格式条款实务问题比较研究［J］．人民司法，2001（1）：19-23.
［94］ 鞠晔．澳大利亚消费者合同中不公平条款的法律规制及对中国的启示［J］．辽宁大学学报（哲学社会科学版），2014（4）：117-124.
［95］ 蒋岩波，洪一军．消费民事公益诉讼的实现路径选择：集团诉讼——基

于新制度经济学的视角［J］. 江西财经大学学报，2016（6）：117-127.
［96］ 柯华庆. 格式合同的经济分析［J］. 比较法研究，2004（5）：31-42.
［97］ 梁慧星. 从近代民法到现代民法——二十世纪民法回顾［J］. 中外法学，1997（2）：19-30.
［98］ 李晓娟. 论格式合同的预防性行政规制机制［J］. 湖北社会科学，2012（9）：136-139.
［99］ 李峣，步效民，陈庆凤. 公益诉讼的实体法基础及司法实现的路径转换［J］. 湖北警官学院，2013（4）：154-158.
［100］ 李友根. 论消费者协会公益诉讼的损害赔偿请求权——对最高人民法院司法解释立场的商榷［J］. 政治与法律，2017（9）：2-12.
［101］ 李松晓. 论我国格式条款立法的缺陷与完善——以格式条款的效力认定为中心［J］. 学习与探索，2014（8）：69-74.
［102］ 李绍章. 格式条款的契约法理与规制分析——兼评"《合同法解释（二）》"对格式条款的相关规定［J］. 南昌大学学报（人文社会科学版），2012（5）：88-93.
［103］ 李世刚. 法律行为内容评判的个案审查比对方法——兼谈民法典格式条款效力规范的解释［J］. 法学研究，2021（5）：24-43.
［104］ 吕冰心. 论网络格式条款的特性与规制［J］. 法学杂志，2022（3）：132-148.
［105］ 林婷. 关于"科层制"与"官僚制"的概念辨析［J］. 云南行政学院学报，2005（2）：68-70.
［106］ 刘劭君. 再论合同格式条款效力规制［J］. 广东社会科学，2018（5）：237-245.
［107］ 刘静波. 论合同监管的必要性与限度——兼论《新疆维吾尔自治区合同格式条款监督条例》的法律性质［J］. 新疆社会科学，2012（1）：95-98.
［108］ 刘海建. 企业组织结构的惰性特征研究［J］. 南京师大学报（社会科学版），2007（1）：55-59.

[109] 刘海建．企业组织结构的刚性特征及其超越［J］．江苏社会科学，2004（1）：68-73.

[110] 刘学在．请求损害赔偿之团体诉讼制度研究［J］．法学家，2011（6）：137-156；178.

[111] 刘学在．台湾地区公益团体提起不作为之诉制度研究［J］．国家检察官学院学报，2012（6）：123-135.

[112] 刘学在．消费者团体诉讼的当事人适格问题之再探讨［J］．武汉大学学报（哲学社会科学版），2015（4）：74-83.

[113] 卢筱洁．论格式条款效力的判断因素［J］．东南大学学报（哲学社会科学版），2017（S2）：34-37.

[114] 卢志刚．网络第三方支付格式合同再规制研究——基于行为法律经济学视角［J］．政法论丛，2017（5）：111-120.

[115] 马一德．免除或限制责任格式条款的效力认定［J］．法学，2014（11）：146-153.

[116] 马辉．格式条款信息规制论［J］．法学家，2014（4）：112-126；179.

[117] 马辉．格式条款规制标准研究［J］．华东政法大学学报，2016（2）：74-93.

[118] 马育红．论格式条款的价值分析及其法律规制［J］．甘肃政法学院学报，2005（83）：72-75.

[119] 聂烁，胡克敏．对格式条款两个问题的思考［J］．汕头大学学报（人文社会科学版），2004（6）：73-76；89.

[120] 祁春铁．德国一般交易条款内容控制的制度经验及启示［J］．中外法学，2013（3）：644-659.

[121] 秦伟，善意．格式条款可执行性之前提——以美国法为视角［J］．比较法研究，2008（5）：88-102.

[122] 施杨，朱瑞．格式条款提供方的合理提示义务与格式条款效力的认定［J］．人民司法，2010（18）：29-33.

[123] 汪洋．消费者合同中价格条款的法律规制［J］．华东政法大学学报，

2017 (5): 71-83.
[124] 王利明. 对《合同法》格式条款规定的评析 [J]. 政法论坛, 1999 (6): 3-15.
[125] 王俣璇. 格式条款的规制协调与反垄断路径改进 [J]. 法律科学 (西北政法大学学报), 2019 (5): 128-140.
[126] 王剑一. 合同条款控制的正当性基础与适用范围——欧洲与德国的模式及其借鉴意义 [J]. 比较法研究, 2014 (1): 171-181.
[127] 王丽萍, 李燕. 格式条款解释研究 [J]. 法制与社会发展, 2001 (6): 62-68.
[128] 王全弟, 陈倩. 德国法上对格式条款的规制——《一般交易条件法》及其变迁 [J]. 比较法研究, 2004 (1): 62-71.
[129] 王春娟. 科层制的涵义及结构特征分析——兼评韦伯的科层制理论 [J]. 学术交流, 2006 (5): 56-60.
[130] 王宏军. 论不公平格式条款法的立法必要性及其经济法属性 [J]. 经济问题探索, 2011 (2): 65-68.
[131] 王丽美. 论格式条款的司法规制 [J]. 湖南社会科学, 2010 (3): 87-89.
[132] 王政勇. 消费公益诉讼的司法理念及特殊审判规则的构建 [J]. 法律适用, 2014 (11): 86-91.
[133] 王昊, 王莉莉. 科层制和科学管理对当代中国的现实意义 [J]. 公共管理科学, 2015 (5): 43-45.
[134] 王凤彬. 科层组织中的异层级化趋向——基于宝钢集团公司管理体制的案例研究 [J]. 管理世界, 2009 (2): 101-122; 188.
[135] 吴泽勇. 德国团体诉讼的历史考察 [J]. 中外法学, 2009 (4): 589-617.
[136] 吴泽勇. 论德国法上的团体不作为之诉——以《不作为之诉法》和《反不正当竞争法》为例 [J]. 清华法学, 2010 (4): 131-153.
[137] 吴景明. 中德消费领域格式条款规制比较研究 [J]. 中国工商管理研究,

2015（4）：32-36.

[138] 吴一平. 论格式条款的成立与效力［J］. 江苏社会科学，2014（6）：85-92.

[139] 吴一平. 论格式条款的法律规制［J］. 扬州大学学报（人文社会科学版），2011（6）：59-68.

[140] 熊跃敏. 消费者群体性损害赔偿诉讼的类型化分析［J］. 中国法学，2014（1）：196-210.

[141] 徐国栋. 民法私法说还能维持多久——行为经济学对时下民法学的潜在影响［J］. 法学，2006（5）：3-17.

[142] 徐涤宇. 非常态缔约规则：现行法检讨与民法典回应［J］. 法商研究，2019（3）：11-21.

[143] 解亘. 格式条款内容规制的规范体系［J］. 法学研究，2013（2）：102-118.

[144] 幸红. 格式合同基本问题探讨［J］. 当代法学，2003（10）：91-93.

[145] 谢晓尧，黄胜英. 格式条款的法经济学分析［J］. 学术研究，2001（8）：73-79.

[146] 向明华. 格式条款的基本法律问题——从商法视角看《合同法》格式条款立法［J］. 广东大学学报（社会科学版），2005（4）：70-74.

[147] 姚淑媛，曹琳，刘俊芳. 格式合同行政规制之路径［J］. 经济论坛，2011（1）：222-224.

[148] 余彦. 驱动视角下消费民事公益诉讼的主体安排及其激励机制［J］. 江西师范大学学报（哲学社会科学版），2018（9）：107-115.

[149] 姚敏. 消费民事公益诉讼请求的类型化分析［J］. 国家检察官学院学报，2019（3）：151-161.

[150] 周清林. 论格式免责条款的效力层次——兼谈《合同法》及其司法解释之间的矛盾及其协调［J］. 现代法学，2011（4）：185-193.

[151] 张良. 论消费者合同中格式条款的内容控制［J］. 河南大学学报，2016（4）：47-55.

［152］ 张良. 论不公平格式条款的形式性规制［J］. 河南大学学报（社会科学版），2013（3）：56-63.

［153］ 张良. 我国民法典合同法编格式条款立法研究［J］. 四川大学学报（哲学社会科学版），2019（1）：133-140.

［154］ 张良. 论诚信原则对格式条款的内容控制［J］. 社会科学家，2016（10）：116-119.

［155］ 朱岩. 格式条款的基本特征［J］. 法学杂志，2005（6）：128-131.

［156］ 朱金高. 民事公益诉讼概念辨析［J］. 法学论坛，2017（5）：123-132.

［157］ 朱广新. 论可撤销法律行为的变更问题［J］. 法学，2017（2）：67-79.

［158］ 张友连. 格式条款司法规制的逻辑分析——以《最高人民法院公报》案例为对象［J］. 河北法学，2017（3）：64-74.

［159］ 张弛. 法律行为效力评价体系论［J］. 法学，2016（5）：132-141.

［160］ 张瑞. 民事公益诉讼视野下格式条款之司法规制路径［J］. 湖北警官学院学报，2019（2）：57-68.

［161］ 郑辉. 格式条款订入合同之规则解析［J］. 西北大学学报（哲学社会科学版），2007（4）：163-167.

［162］ 庄海丽. 论《合同法》对格式条款的法律规制——评析《合同法》第39、40、41条［J］. 山东社会科学，2005（12）：94-97.

［163］ 钟国才，谢菲. 论免责条款的效力［J］. 武汉大学学报（哲学社会科学版），2010（11）：898-903.

索引